So Many Things Are Yours
דברים רבים מאוד שלך

So Many Things Are Yours
דברים רבים מאוד שלך

Selected Poems of Admiel Kosman

Translated from Hebrew by
Lisa Katz

Zephyr Press

Zephyr Press acknowledges with gratitude the financial support
of the Massachusetts Cultural Council.

Zephyr Press, a non-profit arts and education 501(c)(3) organization,
publishes literary titles that foster a deeper understanding of cultures and
languages. Zephyr Press books are distributed to the trade by Consortium
Book Sales and Distribution [www.cbsd.com].

Cataloging-in-publication data is available
from the Library of Congress.

www.zephyrpress.org

ACKNOWLEDGMENTS

The original Hebrew poems in this manuscript first appeared in the following books:

"After the horror" in *After the Horror* (*Veh-akharay ha-moraot*, Masada, 1980)

"The soldier," "They shot you I hope," "When I set the cup" in *The Prince's Raiment* (*Big-day ha-nesikh*, Keter, 1988)

"Report to the police hotline," "Pianist," "Reserve duty bird: letters from reserve duty in the south of Israel," "Tale of the refrigerator," "An existential indictment in three pictures" in *Soft Rags* (*Smartooteem rakhim*, Hakibbutz Hameuchad, 1991)

"Journey" in *What I Can* (*Ma ani yikhol*, Hakibbutz Hameuchad, 1995)

"All the things that don't turn out well," "A small pillar of fire," "We heard two sugar spoons," "A poem for Jerusalem," "I am the inner orifice," "Poets," "Ode to the authorities in charge of fantasy" in *We Have Reached God* (*Heeganoo le-elohim*, Hakibbutz Hameuchad, 1998)

"Above the roofs of the Jewish village," "The weekly Torah portion," "Final corrections to a poem," "Three new sections for the Shulkhan Arukh" in *A New Commentary* (*Pirush Hadash*, Hakibbutz Hameuchad, 2000)

"So many things are yours," "Where great things are done differently," "Letter to a far off village," "I will be a Polynesian," "I wrote you a love letter in Cyrillic," "The central God" in *Forty Love Poems* (*Arba-eem sheeray ahava*, Hakibbutz Hameuchad, 2004)

"A world," "Plum in Japanese," "I found a niche for myself," "[We dream that we're asleep]," "God up a sleeve," "A request," "Afterwards" in *The Alternative Prayerbook* (*Sidur alternativee*, Hakibbutz Hameuchad, 2007)

"Like a Jewish Prometheus," "We came from eternal structures," "Map of Israel," "Ready me," "The stuff the bourgeoisie throws out" in *You're Awesome* (*Keta-eem eet-kha*, Hakibbutz Hameuchad, 2011)

"Army officers climb out of the pit" (2015) and "Dictate to me, Dahlia" (2016) were published in the weekly literary supplement of the Israeli newspaper *Haaretz*

Some of these translations in earlier versions appeared in *Exchanges, CCAR Journal/the Reform Jewish Quarterly, World Literature Today, Ilanot Review, Guernica, Consequence, Modern Poetry in Translation, Tikkun, Poetry International Archives Rotterdam, Poetry International San Diego,* and *Leviathan Quarterly*.

I have been translating Admiel Kosman's work since the 1999 International Jerusalem Poetry Festival, the result of an apparently random assignment by festival organizers. At first, we spoke on landlines! For nearly 20 years, after he spent a year at Oxford, and then moved to Berlin, we've managed to communicate via email and telephone, still those landlines, and now, just recently, via Admiel's first smart phone. The poet comes from an observant religious upbringing in Israel and I from American secular Jewishness. For me personally, and so I hope, for readers, this poetry provides a fresh, learned and political look at Jewish texts, at Israeli life, at human life. Visiting American university classrooms with the poet, I have seen how our first bilingual project speaks to a diverse audience and I hope the same for this book, the fruit of many years of cross communication. With thanks to the poet for his endless creativity and patience; to Shlomit Naim-Naor, poet, friend and my consultant on Judaism, for reviewing the translations with me; and Naomi Teplow for illuminating comments on several poems. And the warmest appreciation to Zephyr publishers-editors Leora Zeitlin and Jim Kates for their hard work.

— Lisa Katz

TABLE OF CONTENTS

INTRODUCTION

This chronological selection of work by the Berlin-based Israeli poet Admiel Kosman opens with a poem from his first Hebrew book, the first of nine. The slim volume was published in 1980 when Kosman was 23. Its title poem presents "the act of poetry" as a violent one. The writer is shot. By whom? Is this a suicide? All that remains is a crime scene:

> the chalk scars the police drew in a circle around
> the position of my gunned-down body, a warm bullet
> still quivering in the ground, and a few people
> whispering about what happened here,
> after the terrifying din, after the audience dispersed.

> — "After the Horror"

But there is an audience, as I hope there will be for this book, his second to appear with English translations facing Hebrew originals. Kosman is perhaps best known for the subtle or blatant incorporation of Jewish texts and commentaries into his work, in a sort of magical style: "as if the Bible itself could dream," in Joshua Weiner's words. Kosman grew up in an Orthodox Jewish household in Israel and holds a doctorate in Talmud, which he received at Bar Ilan University. For nearly twenty years he has been Professor of Jewish Studies, and is now Chair of the Talmud and Rabbinical Literature department, at Potsdam University's School of Jewish Theology, as well as serving as academic director of the Abraham Geiger College in Berlin. He is often considered a religious poet. But the truth is more complex. Human imagination and dreams, accessible to all, provide hints that lead us to the multiple meanings of the specific Jewish texts Kosman evokes with a phrase or a name or a noun. And these texts are, after all, about the universal human spirit, no matter that they are in a sense sectarian, belonging to a particular religion. Kosman's topics range widely.

The poems sometimes have a painterly quality, for example, this early one in which a young solder draws on and writes a postcard home. His uniform hanging on a clothesline reminds the speaker of Dali's flexed clock:

> Through the window as in a frame:
> brown military shirt and trousers
> upside down, dripping on the ground like a cruel
> clock, the sum of moments that melt for you, soldier,
> younger than longing, in the palm of a hand.
>
> — "A Soldier"

The physical body is a strong presence in Kosman's work. It gives rise to desire, in fact, a "huge convoy of desires." Sex education is promoted:

> We'll send you male and female teachers, here you go.
> Do you want them?
> Good teachers of the body.
> Extremely good teachers.
> Who will teach you to fly.
> And our teachers will
> teach you positions.
> [. . .]
> Positions, that is, varied
> positions, coital positions.
>
> — "Letter to a Far Off Village"

In "I am the Inner Orifice," Kosman appears to inhabit an intimate space whose gender is not marked. There is often humor, sometimes involving animated inanimate objects, sugar spoons and a tea cup, and a dissatisfied refrigerator who leaves the house:

> I think that over the past few months
> the fridge had imbibed negative energy
> from the power lines in the wall, and was involved in bitter
> conflicts, acquiring an unbalanced,
> rogue hatred for all reality.
>
> — "Tale of the Refrigerator"

But there is also loathing and self-loathing, shame and guilt. A speaker is brought to the central city square:

> On the wooden platform, they open the box of my heart,
> and display the contents.
> And this, I'm sorry to say, drips bile, black and greasy.
> They point fingers, this is the man,
> gentlemen, upon whose shoulder the vile guilt rests.

> — "An Existential Indictment"

In this environment, where is religion? Everywhere, it turns out. Demons from Sheol, the Jewish after/underworld, not hell, but a place where dead spirits gather, visit the speaker and his wife in their apartment building. The couple calls the police. And even animated spoons seem to have a historical memory and pray:

> We heard two sugar spoons talking in a void. We stirred.
> Again we heard, from the rims of the cup as if from exile,
> the crying, the prayer
> of the sweet grains. They were scattered, they were calling out,
> with great emotion, many verses into emptiness.
> — "We Heard Two Sugar Spoons"

Sometimes Kosman treats religion lightly, as above. His "Central God" is depicted as a handyman. But the poet can also be mildly or harshly critical. In "Journey," an apparently holy city is said to be "cartooned within the holy texts," "cartooned on parchment." There are also direct challenges to religious authority:

> I and my imaginary lover hover
> above the roofs of the Jewish village.
> Above the courtyards, dairy barns, animal pens.
> Above the slanting roofs of the chicken coops.
> [. . .]
> My love is not Jewish . . . .

> — "Above the Roofs of the Jewish Village"

And in his strongest challenge to organized Jewish religion, one of Kosman's speakers writes their own Torah portion: not a commentary but an original text, presumably to replace the authorized one. The speaker challenges the earlier texts who seem to view him as if he had accepted Christianity, as if he identified with the Christian Messiah:

> *Enough! Why do you letters*
> *stand and stare. As if Jesus*
> *were mumbling the Sermon on the Mount up there!*

Here, as elsewhere, Kosman plays with the image of a cross, enfolding it into a verb form:

> *I will lean*
> *on the old fence,*
> *until you cross it! You,*
> *you will cross over! Alone!!*

— "The Weekly Torah Portion"

A more recent poem uses a religious trope to write about poetry, thereby secularizing a biblical story. Inserting gender into the mix, Kosman addresses the late Israeli poet Dahlia Ravikovitch as if the two were a biblical pair: the prophet Elijah and his follower Elisha. Here the great Israeli woman poet is the prophet, whose mantle Kosman cannot inherit, unlike Elisha, who dons Elijah's in the Bible.

For an introduction to Kosman's world view in his words, you may want to read the interview with Amir Freimann on the Poetry International Archives (https://www.poetryinternational.com/en/poets-poems/article/ 104-19315_Shaky-identities-Jew-man-Israeli), and the poems in his first bilingual Hebrew-English selection, *Approaching You in English* (Zephyr Press, 2011). In that book, the poems are arranged out of chronological order, in a sense creating an English book that had not existed in a prior Hebrew incarnation. This current selection includes poems from all nine of his Hebrew volumes (1980–2011) and later poems published in Israeli journals and newspapers (through 2018) — in the order in which they first appeared in Hebrew, with the exception of the coda, the final poem, "Afterwards."

With either system of organization, one is struck by the political nature of Kosman's poetry. Several poems featuring soldiers, such as "Letters from Reserve Duty in the South of Israel," were written early in his career. In later work, Kosman directly addresses "The Map of Israel" in which "All my red lines are crossed." In "Army Officers Climb Out of the Pit," first published in 2015 in the Israeli daily *Haaretz*, where Kosman is a columnist, it seems that the Hebrew language, the language of the Bible, is made incomprehensible to the speaker by its present-day political use.

This poem provides a good example of a translation issue: the potential loss of biblical intertextuality. In the Hebrew poem, the army officers emerge from a *bor* in central Tel Aviv. In everyday Hebrew this word indicates a hole. In this context it is the word used for the underground headquarters of the Israeli army high command: a bunker. However, as Shlomit Naim-Naor pointed out in our discussions of these translations, the biblical reverberations — the pit into which Joseph was thrown by his brothers — would then be lost. Readers will probably correctly imagine that armies have bunkers. What Joseph's pit adds to the poem is a political interpretation of modern day Israel. The biblical Joseph emerged from the pit to become a respected leader of his people, a unifier. In Kosman's poem, what comes out of this hole is a bureaucracy concerned with power and its trappings, and whose Hebrew language, though preserved from the presumably biblical past, the speaker can not understand:

> All the officers are leaving the pit
> and in their fancy uniforms
> they jump straight into the light
> in front of me.
>
> I see a lot of gold and silver now,
> gifts from the highborn kings
> of Africa and China, crowns I see
> and many scepters.

Prime ministers and their secretaries
and all the unit chiefs are executing
orders very quickly around me now.

A lot of them are talking to me, unfortunately,
a mile a minute, in words from the Hebrew of the past,
so that I won't understand anything.

Specific religious themes unconnected to the Bible may also be hidden from view in translation. In "The Central God," in which god appears in the guise of a benevolent repairman, the Hebrew states that plaster tablets of *yediah veh-behira* — knowledge and choice — "totter in his wheelbarrow." Admiel alerted me to the fact that this pairing of words conveys a Jewish concept about free will versus determinism. Searching online in Hebrew I discovered that in this Jewish religious context *yediah* is specific to God, that is, it indicates what God knows. In an attempt to transmit this idea in English I chose to make the phrase "free will and divine knowledge," an explanation of the Hebrew meaning that I did not want to lose. While reading Kosman's poetry in English, it is always worthwhile to investigate further, to see what his biblical characters or place names are known for, or what philosophical terms such as free will, for example, might mean in various streams of Judaism at different times.

It may very well be that poetic language is not necessarily territorial, not necessarily fixed in place in a poet's first language, and out of place, distorted, in another. That is, in English as in Hebrew, Admiel Kosman is a poet whose words zigzag toward the creation of a more sensual and compassionate universe.

– Lisa Katz
Jerusalem

SO MANY THINGS ARE YOURS

דברים רבים מאוד שלך

ואחרי מוראות מעשה השיר

וְאַחֲרֵי מוֹרָאוֹת מַעֲשֵׂה הַשִּׁיר,
אַחֲרֵי הַשַּׁעֲרוּרִיָּה הַפְּרוּעָה שֶׁל הַוָּלְדוֹ, מַה שֶּׁנּוֹתָר
אֵלּוּ הַסִּימָנִים הַגְּרָפִיִּים עַל הָאָרֶץ
מִצַּלְקוֹת הַגִּיר שֶׁכָּתְבוּ הַשּׁוֹטְרִים סְבִיב
תְּנוּחַת גּוּפָתִי הַיְּרוּיָה, וְקָלִיעַ חַם
בָּאֲדָמָה עוֹד מְפַרְפֵּר, וְכַמָּה אֲנָשִׁים
מִתְלַחֲשִׁים עַל מַה שֶׁהָיָה פֹּה,
אַחֲרֵי הָרְעָשִׁים הַמַּפְחִידִים, אַחֲרֵי שֶׁהִתְפַּזֵּר הַקָּהָל

AFTER THE HORROR, THE ACT OF POETRY

And after the horror of the act of poetry,
after the scandal of its birth, what remains
are graphic signs upon the earth,
the chalk scars the police drew in a circle around
the position of my gunned-down body, a warm bullet
still quivering in the ground, and a few people
whispering about what happened here,
after the terrifying din, after the audience dispersed

חייל

חֵץ בְּלֵב הַשֶּׁמֶשׁ
הַנּוֹפֶלֶת אֶל הַיָּם מֵעַל כְּפַר-סָבָא.
זִיבָתָה מֵאַחֲרֶיהָ שֶׁבֶל גְּרִיז. אָדָם חָזָק.
וְאִמָּא בַּמִּטְבָּח הַצַּר.
צִיּוּר קָטָן.
אַתָּה רוֹשֵׁם מֵעַל גְּלוּיָה קְטַנָּה, שׁוֹלֵחַ
גֶּשְׁנָה, לְפָנֶיךָ, מֵאִתְּךָ אֵלֶיךָ, לְכִי, אַתָּה
אוֹמֵר לָהּ, לְכִי מִכָּאן, יוֹנָה.

מִן הַחַלּוֹן כְּבָמִסְגֶּרֶת:
חוּם חֻלְצָה וּמִכְנָסִים
צְבָאִים מְטַפְטְפִים בְּמַהְפָּךְ לָאָרֶץ, כְּמוֹ שָׁעוֹן
אַכְזָר, אֶת סַךְ הָרְגָעִים הַנְּמַסִּים לְךָ, חַיָּל
צָעִיר מְגַעְגּוּעִים, בְּכַף הַיָּד.

- קַיִץ תשל"ט

A SOLDIER

There's an arrow in the heart of the sun
falling into the sea over Kfar Saba.
It discharges its greasy trail. A powerful red.
And mother in the narrow kitchen.
A small painting.
You trace over the postcard, send it
to the land of Goshen, from and to yourself. Go,
you say, go away, dove, away from here.

Through the window as in a frame:
brown military shirt and trousers
upside down, dripping on the ground like a cruel
clock, the sum of moments that melt for you, soldier,
younger than longing, in the palm of a hand.

– Summer 1979

ירו בך, אני מקווה

יְרוּ בָּךְ, אֲנִי מְקַוֶּה. רְטְּשׁוּ אֶת פִּיךְ הֶחָצוּף, פַּגְּעוּ
בָּךְ, אֲנִי מְקַוֶּה, שָׁפְכוּ אֶת שְׁתֵּי עֵינַיִךְ
הַכְּחֻלּוֹת, פַּשְׁטוּ אֶת עוֹרֵךְ הַוָּרֹד-דָּרַד, אַיָּלָה, מֵעָלַיִךְ, אֲנִי מְקַוֶּה, הַשְׁלִיכוּ
אֶת שְׁיָרַיִךְ מַאֲכָל לַתַּנִּינִים, לְמַטָּה, בַּנָּהָר,
הוֹתִירוּ לְסִימָן, לְצִיּוּן-דֶּרֶךְ,
רַק אֶת שְׁתֵּי כַּפּוֹת רַגְלַיִךְ בְּצַד הַמִּשְׁעוֹל, לְיַד
סְבַךְ הַשִּׂיחִים, לְדִרְאוֹן-עוֹלָם, כְּמוֹ שְׁתֵּי אַבְנֵי-מִיל רוֹמָאִיּוֹת, אַיֶּלֶת-נֵכָר,

מֵהַמְּקוֹמוֹת שֶׁפִּלַּסְתְּ אֲלֵיהֶם אֶת דַּרְכֵּךְ, עַקֶּשֶׁת, בְּתוֹכִי,
בְּתוֹךְ מַעֲרַה-נַפְשִׁי, בְּתוֹךְ
יַעַר-הָעַד הַבְּרֵאשִׁיתִי שֶׁצָּמַח בִּי, שֶׁמֵּאָז יַלְדוּת,
שֶׁעָשִׂית בּוֹ כִּבְשֶׁלָּךְ, אַיָּלָה, נוֹדַחַת
בְּעַזּוּת-מֵצַח, לִכְרֹת, חֲצוּפָה, בְּאַבְחוֹת
גַּרְזִנֵּךְ הַקּוֹלְנָנִיּוֹת, אֶת הַנְּפִילִים שֶׁבְּעֵצַיו, מְגַלֶּה
לְעֵין-כֹּל בְּצִחְקוּקֵךְ הַפָּרוּעַ, אֶת הַנִּסְתָּרִים שֶׁבְּמַבּוֹאָיו,
שֶׁמֵּאָז יַלְדוּת. מֵהַמְּקוֹמוֹת, לָכֵן, שֶׁפָּרַצְתְּ אֲלֵיהֶם,
אַיָּלָה, לְתוֹכָם, יְהִירָה וּמִתְנַשֵּׂאת, מֵהַמְּקוֹמוֹת, לָכֵן,
שֶׁלֹּא הֵעֵז אִישׁ לְפָנַיִךְ מֵעוֹלָם
לָבֹא בָּם, אֲנִי מְקַוֶּה מְאֹד שֶׁלֹּא תָּשׁוּבִי.

THEY SHOT YOU, I HOPE

They shot you, I hope. Crushed your brazen mouth, wounded
you, I hope, gouged out both your blue
eyes, skinned your pinkish hide, doe, I hope, threw
your remains, food for crocodiles, down there, in the river, left a sign,
        a trail marker,
just your two feet on the side of the path, next to the bushes,
in eternal disgrace, like two Roman milestones, foreign doe,

from the places you made your way, stubborn, within me,
within my naked soul, within
the primeval forest that has grown in me since childhood,
you had your way with it, doe, rejected
insolently, cutting down, with nerve, with the thrusts
of your booming axe, its giant branches, revealing
for all to see in your wild laughter, its most hidden gateways,
from childhood. From the places, therefore, that you breached,
doe, arrogant and pompous, from the places, therefore,
that no one before you ever dared
approach, I hope you never return.

כשהנחתי את הכוס

כְּשֶׁהִנַּחְתִּי אֶת הַכּוֹס עַל הַשֻּׁלְחָן עוֹד רָעֲדוּ מְעַט
מֵי-הַתֵּה הָרוֹתְחִים. נֵתַח הַלִּימוֹן שֶׁהִשְׁקִיעָה אִמִּי בַּכּוֹס
סָבַב לְמַעְלָה כְּמוֹ דָּג גָּדוֹל. מְשַׁיֵּט, גֵּאֶה, בִּקְלִפָּתוֹ
הַיְרֻקָּה-צְהֻבָּה, חוֹקֵר אֶת הַמְּצוּלָה.

עַכְשָׁו הוּא צוֹלֵל. עַכְשָׁו הוּא קָרוֹב לְקַרְקַע אַקְוַרְיוֹן
הַזְּכוּכִית, קָרוֹב מְאֹד לָאוֹתִיּוֹת הַלְּטִינִיּוֹת, כָּבֵד
וּמָלֵא-הִרְהוּרִים, בְּמַסְלוּלוֹ הָאַפְלוּלִי,
כְּמוֹ צוֹלֶלֶת מִסְתּוֹרִית מְאֹד.

WHEN I SET THE CUP

When I set the cup on the table the seething
tea-water still shook a little. The slice of lemon my mother dropped
into the cup circled above like a large fish. It floated, proud,
in its greenish-yellow peel, surveying the deep.

Now it dives down. Now it's close to the glassy
aquarium bottom, very close to the Latin letters, heavy
and filled with doubt, in its dim orbit,
like a very mysterious submarine.

הודעה במשטרה

בְּאַחַת וָחֵצִי בַּלַּיְלָה צִלְצֵל הַטֶּלֶפוֹן.
אֲנִי לֹא שָׁמַעְתִּי כְּלָל, אַךְ אִשְׁתִּי
הֵעִירָה אוֹתִי מִשְּׁנָתִי בְּבֶהָלָה.
לְדַעְתָּהּ דְּמוֹנִים, מְכָרִים לָהּ,
בַּעֲלֵי עָבָר פְּלִילִי, הֵם
שֶׁצִּלְצְלוּ אֵלֵינוּ מִן הַשְּׁאוֹל.
הֵם עָבְרוּ בְּתַהֲלוּכָה מִתַּחַת לַבִּנְיָן,
וּבְיָדָם נֵרוֹת וּפַעֲמוֹנֵי-תְּפִלָּה,
וְצִלְצְלוּ אֵלֵינוּ מִן הַשְּׁאוֹל

בִּכְדֵי לִשְׁאֹל. מִן הַמִּדְבָּר הֵם בָּאוּ,
עֲיֵפִים, מְלֻכְלָכִים, הָיָה לָהֶם אֶחָד אוֹ שְׁנַיִם,
חַם אוֹ קַר, אוֹ חֹסֶר מַיִם, מַשֶּׁהוּ כָּזֶה.

הָיוּ לָהֶם וַדַּאי קְשָׁיִים בַּמַּעֲבָר, לָכֵן
פָּנוּ אֵלֵינוּ, אַךְ וְרַק בִּכְדֵי לִשְׁמֹעַ
אִם הַכֹּל עוֹד כַּשּׁוּרָה אֶצְלֵנוּ, מַה
נָּפַל מִן הַקּוֹמָה הַזֹּאת וּמִי נִשְׁבַּר,
וּמַה נִּפְטַר, הָלַךְ לְעוֹלָמוֹ.

בְּפַעֲמוֹנִים קְטַנִּים עוֹבֵר וּמְצַלְצֵל לוֹ
עֵדֶר הַדְּמוֹנִים, בַּשָּׂדֶה, מִתַּחַת לַבִּנְיָן, מִשָּׁם
הֵם יַעֲלוּ אֵלֵינוּ, מִשּׁוּם-כָּךְ אִשְׁתִּי
צָעֲקְתִּי בְּקוֹל רָם כָּל כָּךְ, וְכָל הַבַּיִת
קָם וְהִתְעוֹרֵר בְּבֶהָלָה.

REPORT TO THE POLICE HOTLINE

The telephone rang at 1:30 a.m.
I didn't hear it but my wife
woke me in a frenzy.
Demons, she thinks, well known to her,
with criminal backgrounds, they
rang us up from Sheol.
They paraded under the building,
holding candles and prayer bells,
they rang us up from the underworld

in order to understand. They came from the desert,
tired and dirty, they had one or two questions to ask
about heat and cold, a lack of water, things like that.

They certainly had difficulties at the crossing, and so
they turned to us, just to hear
if we were still okay, what
happened and who was broken,
what perished, passed out of this world.

Ringing and jingling and tinkling their little bells
the flock of demons passes through the field under the building,
and from there they'll ascend to us, for that reason, wife,
I yelled so loudly, and the whole house
awoke in a frenzy.

פְּסַנְתְּרָן

אֲנִי מְנַגֵּן עַל הַמַּיִם.

אֵין הֶכְרֵחַ גָּמוּר אוֹ אִלּוּצִים בְּכָךְ, אַךְ
הַדְּבָרִים זוֹרְמִים מִתַּחַת לָעֵצִים
כְּמוֹ מַנְגִּינָה רַכָּה. יוֹם לְיוֹם יַבִּיעַ
אַהֲבָה רַבָּה יוֹתֵר.

אֲנִי מְנַגֵּן עַל הַמַּיִם בְּקְלִידִים
רַבִּים וְאֵין הֶכְרֵחַ גָּמוּר בְּכָךְ וְאֵין חֻקִּים. אוּלָם אֲנִי
אוֹהֵב אֶת זֶה וּמִשּׁוּם כָּךְ אֲנִי מֻנָּח עַל הָעוֹלָם הַזֶּה
הָרַךְ בְּאֶצְבְּעוֹת רַגְלַי וּמְנַגֵּן חָזָק

עַל פְּנֵי הַמַּיִם.
וְגוּפִי פְּסַנְתֵּר-כָּנָף. עֲנָק. מוּצָק.

וַאֲנִי חוֹנֵן אֶת הַכְּאֵב לָצֵאת מִכָּל הָאֶצְבָּעוֹת.
וּמְטַהֵר אֶת כַּוָּנוֹת הָרַע הָרְחוֹקוֹת וְהַקְּרוֹבוֹת.
וְהַפְּשָׁעִים שֶׁלִּי בָּאִים חֲגִיגִיִּים. חַפִּים.

כְּשֶׁאֲנַגֵּן, אֲנִי הַמְנַגֵּן, נִגּוּן
נוֹסָף עַל פְּנֵי הַמַּיִם, עוֹד פַּרְפַּר אֶחָד,
וְזֶה-גַּם-כֵּן-אֲנִי, יוּכַל לַחֲלֹף
עַל-פְּנֵי-הַתַּיִל בְּמַטָּס מַרְהִיב.
בְּשֶׁלַּל צְבָעִים רַבִּים.

PIANIST

I play on the water.

It's not completely necessary or required, but
things flow under the trees
like a gentle melody. *Day unto day*
uttereth more love.

I play on the water on numerous keys,
it's not completely necessary, there are no rules. But
I like it and so I set my toes down
on this tender world and play hard

on the surface of the water,
my body a grand piano. Huge. Solid.

And I allow the pain to exit through all my fingers.
And purify bad intentions far and near.
And my crimes approach merrily. Innocents.

When I play, I am the player, an additional
melody on the surface of the water —
another butterfly, and this is also me —
able to pass over barbed wire in breathtaking flight.
In an abundance of colors.

אגרות-דואר משירות מילואים בדרום הארץ

1. במגדל השמירה

כְּשֶׁהִגַּעְתִּי לְשָׁם יָדַעְתִּי שֶׁקְּדָמַנִי אָדָם גָּדוֹל.
הָיוּ שָׁם אוֹתוֹת עַל הַקַּרְקַע.
שְׂרִידֵי מַאֲבָק וּגְרִירָה וְקוֹלוֹת, וּפִיחַ
שָׁחוֹר כִּסָּה אֶת הָאֶבֶן.
בַּאֲתַר הַפֻּלְחָן הַקָּדוּם.

אוּלַי אַבְרָהָם מִבְּאֵר-שֶׁבַע,
אוֹ יִצְחָק הַמַּמְתִּין לְרִבְקָה.
וְאוּלַי יַעֲקֹב בְּדַרְכּוֹ מֵחָרָן, אֵינֶנִּי יוֹדֵעַ;

אַךְ הָיוּ סִימָנִים לְכָךְ, בַּבָּסִיס הַצְּבָאִי הָרָחוֹק.
כָּבֵד וְאִטִּי, תְּנוּעָתוֹ לַצָּפוֹן, לֶהָרִים,
בְּנָשִׁים וִילָדִים וְצֹאן.

גַּם עַתָּה, עֲבֻדָּה, מִתְאַמֶּצֶת לְהַחֲזִיק
הַקַּרְקַע תַּחְתִּי בְּאוֹתָן עֲקֵבוֹת, וְסִימָן
הַקַּעֲקַע כְּבָר שָׁנִים בַּדֶּלֶת.
וְאִישׁ לֹא מַצְלִיחַ לִמְחֹק.

LETTERS FROM RESERVE DUTY
IN THE SOUTH OF ISRAEL

1. In the guard tower

When I arrived I knew a great man had been there before me.
There were signs on the ground.
Traces of a struggle and shouts, and black
soot covering the stone.
The site of an ancient ritual.

Perhaps Abraham of Beersheba,
or Isaac waiting for Rebecca.
Or perhaps Jacob on his way from Haran, I don't know;

but there were signs of it, at the distant army base.
Ponderously he made his way north, to the mountains,
with women and children and sheep.

And now too, it's a fact, the ground under me
struggles to hold on to these footsteps, and the tattoo
that's been on the door all these years.
That no one has managed to erase.

2. צִפּוֹר הַמִּילוּאִים

הַחַיָּל יָרָה בַּלַּיְלָה, וְהַלַּיְלָה בַּחַיָּל
בַּחֲזָרָה. הַחַיָּל יָרָה בָּרוּחַ, וְהָרוּחַ
בַּחַיָּל בַּחֲזָרָה. מִמִּגְדָּל

הַשְּׁמִירָה יָרָה הַלֵּב בָּרוּחַ בִּשְׁרִיקָה
קָלִיעַ אֶל מֶרְכַּז הַמַּטָּרָה. בְּעוֹד
הַגּוּף, הַגּוּף שֶׁלִּי,

הַחַיָּלִי, קָשׁוּחַ וְרָחוֹק, נָטַל עָלָיו לָשֵׂאת
כְּמוֹ הַלּוּחַ-הַצְּבָאִי אֶת זֶרֶם הַפְּקֻדּוֹת

וְלֹא לָזוּז מִמְּקוֹמוֹ יוֹתֵר.

בַּנַּעֲלַיִם, הָרַגְלַיִם, שְׁתַּיִם, יְצוּקוֹת
מִן הָעוֹפֶרֶת הַכְּבֵדָה, כְּשֶׁצִּפּוֹר
הַמִּלּוּאִים עוֹלָה וּמִתְמַקֶּדֶת מִמַּבָּט
אַחַר בַּגּוּף אֶל נְקֻדָּה

גְּבוֹהָה יוֹתֵר. מְטַפֶּסֶת וְנִתְלֵית מֵעַל
הָאֹפֶק הַנִּזְרָע זִיזִים חָדִים, וְצוֹפָה
מִשָּׁם אֶל תּוֹךְ הַבַּיִת, אֶל חֲדַר-
הַיְלָדִים.

2. Reserve Duty Bird

The soldier shot at the night, and the night
back at the soldier. The soldier shot at the wind, and the wind
back at the soldier. From the guard tower,

the whistling heart shot at the wind,
landing a bull's eye. While
the body, my soldier's

body, rugged and remote, took on the stream of orders
in vain, like the board on the army wall

and it won't move from its place again.

In shoes, feet, a pair, forged
of heavy metal, while the reserve duty
bird rises and focuses on another point
in the landscape,

a higher one. It climbs and hovers above
the horizon sown with sharp jags, and gazes
inside the house, at the children's
room.

מעשה במקרר

בַּלַּיְלָה חָלָה הַמְקָרֵר שֶׁלָּנוּ בַּמִּטְבָּח.
שִׁגָּעוֹן גַּדְלוּת אָחַז בּוֹ.
נִסִּינוּ לְשַׁדְּלוֹ בַּדֶּרֶךְ הַטּוֹבָה וְהַמִּתְתַּקֶּנֶת.
כָּרַעְנוּ בֶּרֶךְ, שָׁנִינוּ, אִשַּׁתִּי לִפְנֵי הַמָּנוֹעִים, אֲנִי בְּגַב הַדֶּלֶת.
אַף הֶעֱזַנוּ-מָה, הִפְעַלְנוּ כֹּחַ קַל, מָשַׁכְנוּ וּפֵרַקְנוּ,
בְּרָגִים, קְרָבַיִם, אֵיבָרִים. אַךְ הַכֹּל הָיָה לַשָּׁוְא, לְלֹא תּוֹעֶלֶת, הוּא
הִמְשִׁיךְ לָרוּץ כִּמְטֹרָף, נִתַּר עַל מַרְצְפוֹת הַבַּיִת, קָפַץ
אֶל הַמִּרְפֶּסֶת, דִּלֵּג עַל הֶהָרִים.

וַאֲנַחְנוּ לֹא עָצַרְנוּ כֹּחַ בַּמִּרְדָּף.
לְדַעְתִּי, בֶּחֳדָשִׁים הָאַחֲרוֹנִים
יָנַק הוּא רַק אֶנֶרְגְּיָה לִשְׁלִילָה
מִן הַחוּטִים בַּקִּיר, הַמִּסְכְּסָכִים בְּרִכְבּוֹן
מָרִיר, וְרוּחֲשִׁים שִׂנְאָה סוֹרֶרֶת,
עֲקַמּוּמִית, לַמְּצִיאוּת כֻּלָּהּ.

עִם הַהַשְׁכָּמָה רָאִינוּ שׁוּב אוֹתוֹ, עוֹמֵד בַּחֶדֶר, מִתְיַצֵּב,
שׁוֹתֵק, כִּבְהֵמָה אַחַת בְּתוֹךְ הָעֵדֶר.

אַךְ הַנּוֹרָא מִכֹּל הוּא,
כִּי מִכָּל הַמִּצְרָכִים שֶׁלָּנוּ
לֹא נוֹתַר בְּחִיּוּתוֹ דָּבָר.
הַכֹּל קָפָא וָמֵת
בַּלַּיְלָה עַל עָמְדוֹ.

מִכָּל הַמַּאֲכָלִים נִטַּל הַטַּעַם.
בַּצַּלָּחוֹת הִגַּשְׁנוּ גוּשׁ סָמִיךְ, אָפֹר, מוּזָר.
וּמַבָּטוֹ לַבֹּקֶר שֶׁאַחַר-כָּךְ, אַכְזָרִי הָיָה, קָשֶׁה
יוֹתֵר מִפַּעַם, מִתְנַכֵּר אֵלֵינוּ,
וּמַפְגִּין חֲשָׁד אָטוּם וָקַר.

TALE OF THE REFRIGERATOR

Our refrigerator fell ill at night.
It was gripped by illusions of grandeur.
We tried to sweet talk it into behaving nicely.
We kneeled, my wife at the motor, and I by the door.
We even dared use a bit of force, tugging and taking things apart,
screws, guts, limbs. But in vain, nothing came of this, it
continued racing madly, moved across the floor tiles, jumped
onto the balcony, leaped toward the hills.

We didn't hold back in the chase.
I think that over the past few months
the fridge had imbibed negative energy
from the power lines in the wall, and was involved in bitter
conflicts, acquiring an unbalanced,
rogue hatred for all reality.

At dusk we saw it again, standing in the room, settling down,
silent, like a beast among the herd.

The worst thing is
that nothing remained
of all our groceries.
Everything froze and died
in place at night.

All the food lost its taste.
We served strange gray lumps on plates.
The next morning its look was cruel, harder
than ever, alienated from us,
aloof, icy and suspicious.

כתב אשמה קיומי
בשלוש תמונות

1. ברגע זה

בְּרֶגַע זֶה אֵין בְּתֵבֵל כֻּלָּהּ
מִי שֶׁיִּשְׁוֶה בְּכְעוּרוֹ לְכְעוּרִי.

יוֹשֵׁב בָּטֵל עִם כְּנוֹרִי, עַל רֹאשׁ הָהָר, וּמְחַכֶּה לְרוּחַ
אַקְרָאִית, שֶׁתְּנַגֵּן כִּרְצוֹנָהּ
תָּוִים, לְלֹא שִׁיטָה, לְלֹא כַּוּוּן.
חַיַּי, אֲשֶׁר אֵינָם חַיִּים מִמֵּילָא, נָעִים
עַל פְּנֵי הַמַּיִם כְּמוֹ קְלִפָּה דַּקָּה שֶׁל שׁוּם.
טָפֵל, חֲדַל אִישִׁים, וְאִישׁ שֶׁאֵין בּוֹ כְּלוּם. נִזּוֹן
מִלַּהַג וּמִלִּים, עוֹמֵד וּמְגַלְגֵּל קְלִפַּת הָצִיל
עַל הַשֻּׁלְחָן, בּוֹהֶה מוּל הַחַלּוֹן, וְשׁוּב נִרְדָּם.
חַיִּים קָשִׁים. אִשְׁתִּי בְּהֵרָיוֹן שֵׁנִי,
וְהַפָּעוֹט בּוֹכֶה. אֵינֶנִּי
נַעֲנֶה לְמָה שֶׁהֵם דּוֹרְשִׁים. קָרְבָּן כָּזֶה דּוֹרֵשׁ כָּעֵת
תְּנוּעָה שֶׁל הַחְלָטָה, וְזֶה אֵינוֹ
לְפִי כֹּחִי.

2. גוררים אותי

גוֹרְרִים אוֹתִי בְּשַׁלְשְׁלָאוֹת בַּרְזֶל לְכְּכַּר הָעִיר הַמֶּרְכָּזִית.
מַחֲרִימִים אֶת כָּל רְכוּשִׁי.
סֶרֶט בַּד, שְׁתֵּי צִנְצָנוֹת זְכוּכִית, חַרְגּוֹל, וּמוֹט בַּרְזֶל.
פּוֹתְחִים עַל בִּימַת הָעֵץ אֶת קֻפְסַת הַלֵּב שֶׁלִּי,
וּמַצִּיגִים אֶת הַתְּכוּלָה.
וְזוֹ, לְצַעֲרִי, נוֹטֶפֶת-גֹּעַל, שְׁחוֹרָה וּמְשַׁמֶּנֶת,
תּוֹלִים לִי אֶצְבַּע מְכֻוֶּנֶת, זֶה הָאִישׁ,
רַבּוֹתַי, שֶׁעַל כְּתֵפָיו רוֹבֶצֶת הָאַשְׁמָה הָאֲיֻמָּה הַזֹּאת.

AN EXISTENTIAL INDICTMENT IN THREE PICTURES

1. At this very moment

At this moment there's no one on earth
as ugly as me.

I sit idle with my violin, on the hilltop, and wait
for a random breeze that will play notes
as it likes. Without a plan, without a goal.
My life, not much of a life at all, floats
over the water like a thin garlic peel.
A parasite, lacking personality, a hollow man. Nurtured
by utterances and words, I stand and roll an eggplant skin
on the table, stare out the window, and go to sleep again.
A difficult life. My wife is pregnant for the second time
and the little one cries. I do not
answer their call. Such sacrifice now requires
a decisive act, and it's not
in my power.

2. They drag me

They're dragging me to the central city square in iron chains.
All my belongings have been confiscated. A cloth ribbon, two glass jars,
a grasshopper and an iron pole.
On the wooden platform, they open the box of my heart,
and display the contents.
And this, I'm sorry to say, drips bile, black and greasy.
They point fingers, this is the man,
gentlemen, upon whose shoulder the vile guilt rests.

3. אני מתעורר

אֲנִי מִתְעוֹרֵר בִּבְכִי צָרוּד
מִתּוֹךְ שְׁנָתִי הָעֲמֻקָּה. אֲנִי
מַבִּיעַ חֲרָטָה
כֵּנָה בְּקוֹל בּוֹכִים.
אַךְ אֵין מִי שֶׁיָּבִין כָּאן אֶת שְׂפָתִי. כִּי

נִמְצָא, כִּי הִשְׁתַּנֵּיתִי עַד מְאֹד, עַל מִטָּתִי,
בְּמַהֲלַךְ הַלַּיְלָה הָאָרֹךְ, בְּתוֹךְ שְׁנָתִי, צֶבַע
עוֹרִי וּשְׂעָרִי,
מַרְאִית הָעַיִן וְהַדֹּק,

שֶׁהַגַּלְגַּל אֶצְלִי בְּפָנִים הֵחֵל לַחֲרֹק, וְשֶׁהָפֵךְ
כָּעֵת לַצַּד אֶת הַתַּבְנִית הַמְּצִיאוּתִית, וְכַמָּה דַּק
פִּתְאוֹם הָפַךְ קוֹלִי, הָיָה לִצְחוֹק,
דַּקִּיק וְצַר כְּמוֹ תַּקְלִיט
מָהִיר, וְגַם שְׂפָתִי הָיְתָה לְשׁוֹן
עַם זָר, דּוֹמָה
מְאֹד לְאֵיזֶה נִיב מוּזָר, רָחוֹק,
שֶׁל הַטּוּרְקִית.

3. I Awaken

I awaken crying hoarsely
out of a deep sleep. I
express sincere
regrets in a teary voice.
But no one here understands my language. Because

the fact is: I've changed a lot, on my bed
during the long night, while I was sleeping, the color
of my skin and hair,
the appearance of my eyes and the film over them,

so that the wheel inside me began to creak,
and turned reality on its side, and my voice
suddenly thin, becoming a laugh,
faint and high pitched like a fast
recording, and my language became the tongue
of a foreign nation,
very like a strange dialect, afar,
of Turkish.

מסע

הִתְחַבַּרְנוּ אֶל הַטֶּקְסְטִים הַקְּדוֹשִׁים
וְרָאִינוּ נִפְלָאוֹת לְעֵינֵינוּ עִיר גְּדוֹלָה
פְּרוּשַׂת אוֹרוֹת כְּמוֹ מַרְבַדִּים מְקֻשָּׁטִים בַּלַּיְלָה

בַּלַּיְלָה בָּאנוּ אֶל הָעִיר הַזֹּאת הַמְצֻיֶּרֶת שֶׁבְּתוֹךְ
הַטֶּקְסְטִים הַקְּדוֹשִׁים וְרָאִינוּ עִיר יָפָה כָּזֹאת
צְרִיחִים וּמִגְדָּלִים פְּתָחִים כּוּכִים וּמַדְרֵגוֹת

בַּמַּדְרֵגוֹת עָמְדוּ אַנְשֵׁי הָעִיר הַמְצֻיֶּרֶת
עַל הַגְּוִיל אֲשֶׁר יָצְאוּ אֵלֵינוּ וְקִבְּלוֹנוּ
בִּידִידוּת בִּמְאוֹר פָּנִים קְרוֹבִים מְאֹד הָיוּ
לְאָסוֹנֵנוּ אֲסוֹנָם וּבְטוּב לִבָּם גַּם הִלְבִּישׁוּנוּ
בֶּגֶד הֶאֱכִילוּנוּ לֶחֶם וְהִשְׁקוּנוּ
מֵי הַפֶּלֶג בְּחִנָּם

JOURNEY

We fastened ourselves to the holy texts
and witnessed wonders, great was the city before us at night
lights stretched like ornamental carpets

at night we came to the city cartooned
within the holy texts and saw this exquisite place
spires towers gates niches stairways

on the stairs the people of the city cartooned
on parchment, emerged, and received us
in friendship with welcoming faces,
their disasters very much like ours, good-hearted they gave us
clothes and bread and served us, free,
the living waters of the stream

הנה כל הדברים

הִנֵּה כָּל הַדְּבָרִים שֶׁלֹּא עוֹלִים יָפֶה. לֹא יְכוֹלִים.
הִנֵּה הַחֲטָאִים, הַכִּשְׁלוֹנוֹת, הָאֲסוֹנוֹת. הִנֵּה הֵם.
קַח אוֹתָם. הֵם מְחַכִּים לְךָ בַּפֶּתַח.
בְּנֵי זוֹנוֹת.

הִנֵּה כָּל הַדְּבָרִים שֶׁלֹּא עָלוּ יָפֶה, לֹא יַעֲלוּ,
וּלְעוֹלָם, וּלְעוֹלָם, לֹא יִתְקְנוּ.

כָּל הַפְּגוּמִים וְהַפְּסוּלִים
וְהַקְּמוּטִים וְהַסּוֹטִים וְהַמּוּמִים
שֶׁמִּלֵּדָה ! שֶׁלְעוֹלָם, שֶׁלְעוֹלָם לֹא יִתַּקְנוּ !
סְרוּחִים, שְׁמוּטֵי גַּפַּיִם,
בְּשֶׁל שְׁבִירָה, בְּשֶׁל קְטִיעָה,
אוֹ רְצִיצָה, מַכַּת סַכִּין אוֹ מְעִידָה.

אָז קַח אוֹתָם מִכָּאן, אִידְיוֹט !
הֵם מְחַכִּים לְךָ בַּפֶּתַח, סַרְסוּרִים
אַכְזָרִיִּים שֶׁל אֲסוֹנוֹת ! הִנֵּה הֵם. מַמְזֵרִים בְּנֵי מַמְזֵרִים
בְּנֵי נוֹאֲפִים וּבְנֵי זוֹנוֹת. הִנֵּה הֵם ! כָּל הַדְּבָרִים
הַמְּעִידִים בְּרֹב עַרְמוּמִיּוּתָם שֶׁלֹּא יוּכְלוּ גַּם בֶּעָתִיד
לְהִצְטָרֵף בְּלֵב שָׁלֵם לַחֲרֵדִים לִדְבַר הַשֵּׁם וּלְהִטַּהֵר מִזֻּהֲמָתָם.

הִנֵּה הֵם. כְּמוֹ כֵּלִים שְׁבוּרִים.
מְצֻיָּרִים בְּתוֹךְ תְּמוּנוֹת. מְמָרְרִים בִּבְכִי.
הִנֵּה הֵם, מְחַכִּים לְךָ !
הֵם מְחַכִּים לָךְ, אִידְיוֹט !

כְּמוֹ סַרְסוּרִים אַכְזָרִיִּים שֶׁל אֲסוֹנוֹת
מְגַלְגְּלִים שָׂפָם תּוֹרְכִּי מְשַׁעֲשֵׁעַ הֵם
נִשְׁעָנִים עַל קִיר וּמַבִּיטִים בִּי,
מְעַשְּׁנִים, מְשַׁעְמָמִים.

הוּ אֱלֹהִים, תֵּרָאֶה ! בָּאִים אֵלַי
הַלַּיְלָה הַפְּסוּלִים וְהַפְּגוּמִים וְהַשְּׁבוּרִים
וְהַקְּמוּטִים וְהַסּוֹטִים וְהַמּוּמִים !

ALL THE THINGS

Here are all the things that don't turn out well. They can't.
Here are sins, failures, disasters. Here they are.
Take them. They are waiting for you at the door.
Bastards.

Here are all the things that didn't turn out well, and won't
and will never ever be mended.

All those with flaws and outcast,
and the wrinkled and the deviant and those
deformed at birth! Who will never ever be set right!
Smelly, limping,
due to broken limbs, or amputation,
or crushed, slashed by knives or stumbling.

Oh, take them away, idiot!
They are waiting for you at the door, cruel pimps
of catastrophe! Here they are. Bastard sons of bastards sons
of adulterers and sons of whores. Here they are! All the things
that prove so slyly that they can't and won't in the future
join the pious wholeheartedly and be cleansed of their defilement.

Here they are. Like broken vessels.
Sketched in pictures. Crying bitter tears.
Here they are, waiting for you!
They are waiting for you, idiot!

Like cruel pimps of catastrophe,
twirling their Turkish mustaches they
lean against a wall and stare at me.
Smoking, bored.

Oh God. Look! They're coming at me
tonight, the outcasts and the flawed and broken
and wrinkled and deviant and deformed.

עַמּוּד קָטָן שֶׁל אֵשׁ

הַבַּיִת נִמְלָא מֶרְכָּבוֹת שֶׁל אֵשׁ.
הִגִּיעוּ סוּסִים חֲדָשִׁים שֶׁל אֵשׁ.
עַל הַשָּׁטִיחַ מְטִיל עֲנָק שֶׁל אֵשׁ.
וּמֵעָלֵינוּ הֵפִיחוּ עֲנָנִים לְבָנִים,
רַכִּים, צַמְרִיִּים, כָּרִית קְטַנָּה, לַהֶבֶת אֵשׁ.

רַק אָז הִתַּמְּרָה מֵעָלֵינוּ צַמֶּרֶת.
גַּל עֲנָק, עָנָן לָבָן, נָקִי, צַח כְּסָדִין, שֶׁל אֵשׁ.
אַחַר כָּךְ יָשַׁבְנוּ, אִשְׁתִּי, לִסְעוּדָה שֶׁל אֵשׁ.
עַל הַצַּלַּחַת, כְּמוֹ הָאָדָם הָרִאשׁוֹן וְאִשְׁתּוֹ,
הִצַּתְנוּ, בְּיַחַד, נִרְגָּשִׁים מְאֹד,
עַמּוּד קָטָן, עָדִין, שֶׁל אֵשׁ.

A SMALL PILLAR OF FIRE

The house is filled with chariots of fire.
Young steeds of fire have arrived.
On the rug, a giant rod of fire.
Above us, soft white woolly clouds puffed themselves
into a small pillow, a tongue of fire.

Only then did a treetop ascend over us.
A huge wave, a pure cloud as white as a sheet, of fire.
Afterwards, we sat down, my wife, to a feast of fire.
On the plate, like Adam and Eve
we kindled, together, thrilled,
a small pillar, a delicate one, of fire.

שמענו שתי כפיות סוכר

שָׁמַעְנוּ שְׁתֵּי כַּפִּיּוֹת סֻכָּר מְשׁוֹחֲחוֹת בָּרִיק. עִרְבַּבְנוּ.
שׁוּב שָׁמַעְנוּ מִקְצְוֵי הַכּוֹס כְּמוֹ מְגֵלּוֹת,
אֶת הַבְּכִיָּה, אֶת הַתְּפִלָּה,
שֶׁל גַּרְגְּרֵי הַמְּתִיקוּת. מְפֻזָּרִים הָיוּ, קוֹרְאִים הָיוּ,
בְּרֶגֶשׁ רַב, פְּסוּקִים רַבִּים אֶל הָרֵיקוּת. וְשׁוּב

עִרְבַּבְנוּ. הַפַּעַם הַתְּנוּעָה הָיְתָה חַדָּה, וְאַכְזָרִית כְּמוֹ סַכִּין.
יָרַדְנוּ עִם הַכַּף יָשָׁר אֶל תּוֹךְ הַמַּיִם וְחָבַטְנוּ. עַל הָרֹאשׁ. כְּמוֹ
בְּדָגִים. אֲבָל לַשָּׁוְא. הַקּוֹל הָיָה מְאֹד צָרוּד. אָבוּד. כָּזֶה יָבֵשׁ.
חָבוּט. וַעֲדַיִן, קוֹל-אֱלֹהִים-חַלָּשׁ-מְאֹד הָיָה עוֹלֶה מִלְּמַטָּה. מְבַקֵּשׁ.
כְּמוֹ גּוֹנֵחַ אוֹ לוֹחֵשׁ.

WE HEARD TWO SUGAR SPOONS

We heard two sugar spoons talking in a void. We stirred.
Again we heard, from the rims of the cup as if from exile,
the crying, the prayer
of the sweet grains. They were scattered, they were calling out,
with great emotion, many verses into emptiness. And again

we stirred. This time the movement was sharp, cruel as a knife.
We dove with the spoon into the water and struck. Right on the head.
Like fish. But for naught. The sound was raspy. Lost. So dry.
Beaten. And yet, the very faint voice of the Lord rose up. Seeking.
Like a groan or a whisper.

שיר לירושלים

שְׁאֵלָה: לְאָן מִתְגַּלְגֶּלֶת הָאֶנֶרְגְיָה הַמִּינִית שֶׁלִּי ?
הָאֶנֶרְגְיָה הַמִּינִית שֶׁלִּי הִיא מַשְׂאִית יְשָׁנָה.

עוֹלָה בֶּהָרִים, וְיוֹרֶדֶת בַּבְּקָעוֹת, וְעוֹלָה בֶּהָרִים,
כְּלוֹמַר, מַשְׂאִית יְשָׁנָה. הָאֶנֶרְגְיָה הַמִּינִית
שֶׁלִּי, שֶׁהִיא דַּקִּיקָה וּשְׁבִירָה.
שֶׁהִיא קַרְטוֹן בֵּיצִים עֲדִינוֹת, שֶׁנִּשְׁלְחוּ
מֵהַמּוֹשָׁבִים רְגִישׁוֹת וְשִׁירָה. הַשּׁוֹכְנִים,
בֶּהָרִים, הַגְּבוֹהִים, הָעוֹמְדִים,
שׁוֹמְרִים זְקוּרִים ! מִסָּבִיב לַבִּירָה ! !

הוֹ, אֱלֹהִים, לְאָן מִתְגַּלְגֶּלֶת הָאֶנֶרְגְיָה הַמִּינִית שֶׁלִּי??
הָאֶנֶרְגְיָה הַמִּינִית שֶׁלִּי מְנִיעָה מַשְׂאִית יְשָׁנָה, פְּפְפְפְפְפְפְפ,
הִיא נוֹתֶנֶת כָּעֵת אֲוִיר חַם וְנָעִים בְּגַלְגַּלֶּיהָ.

פַּעַם נְשֹׁאָה
הַמַּשְׂאִית שֶׁלִּי (בְּסִפּוּר) לְמְכוֹנִית שְׁכוּרָה. וְהִזְדַּוְּגָה יוֹמַיִם
בָּאֲוִירִים הַצְּלוּלִים הָרוּחָנִיִּים שֶׁעַל רָאשֵׁי הֶהָרִים, בְּתוֹך
הַכְּחַל, וְלָבְשָׁה כֶּתֶר, וְאָמְרָה שִׁירָה, וְהִסְתּוֹבְבָה
כְּמִשְׁתַּגַּעַת עַל הַכְּבִישׁ הַסָּגֹל.
בֶּהָרִים. כְּלוֹמַר, בֶּהָרִים הַגְּבוֹהִים שֶׁסָּבִיב לַבִּירָה.

A POEM FOR JERUSALEM

Question: Where is my sexual energy rolling?
My sexual energy is an old truck.

It climbs up hills, descends valleys, climbs up hills,
that is, an old truck. My sexual
energy, thin and fragile,
a carton of breakable eggs sent from the villages
named Poetry and Sensitivity. That dwell
in the hills, the high ones, standing, thrusting
guarding! Around the capital!!

Oh God, where is my sexual energy rolling?
My sexual energy powers an old truck, pfffff,
blowing warm and pleasant air now around its wheels.

My truck once married
a rental car (in a story). And copulated for a few days
in the clean spiritual air above the hilltops, in
the blue, and wore a crown and recited poetry, and ran around
like a crazy person on the purple road.
In the hills, that is to say, the high hills around the capital.

אני הפתח הפנימי

אֲנִי סוֹפֵג הַכֹּל וּמְחַכֶּה בַּחֹשֶׁךְ.
בָּאִים הַלְּחָשׁוּשִׁים. הַלְּטוּפִים.
אֲנִי שׁוֹתֵק. אֲנִי הַפֶּתַח הַפְּנִימִי.
בָּאִים שְׁלִיחִים וּנְצִיגִים.
אֲנִי בִּפְנִים. אֲנִי הַפֶּתַח הַפְּנִימִי.
בָּאִים קוֹלוֹת. וּצְעָקוֹת. קְרוֹבִים וּרְחוֹקִים. רוֹפְאִים.
בָּאוֹת הַמִּשְׁפָּחוֹת. כֻּלָּם יוֹצְאִים. בָּאִים לִרְאוֹת. אֲנִי שׁוֹתֵק.
אֲנִי נִמְצָא בִּפְנִים. אֲנִי הַפֶּתַח הַפְּנִימִי.
בָּאוֹת הַנְּבִיחוֹת. וְהַיְלָלוֹת הוֹלְכוֹת
וּמִתְעַבּוֹת, וְנַעֲשׂוֹת קוֹדְחוֹת. הוֹזוֹת. אֲנִי
לְבַד בִּפְנִים. אֲבָל הַכֹּל
אֲנִי שׁוֹמֵעַ וְשׁוֹתֵק. עַל תַּפְקִידִי שֶׁלִּי
אֲנִי מַפְקָד כָּעֵת. אֲנִי עוֹמֵד לְבַד. לְבַד. לְבַד
עַל תְּהוֹם הַפֶּתַח, לֹא נוֹפֵל, מַמָּשׁ
עַל קְצֵה הַפֶּתַח הַפְּנִימִי.

בָּאִים זְרָמִים חַמִּים וּמְנַסִּים אוֹתִי עַכְשָׁו. וּלְשׁוֹן הַיָּם יוֹצֵאת.
וּסְעָרוֹת עַזּוֹת. וְרוּחַ מְעַגֶּנֶת מְלַקֶּקֶת אֶת הַחוֹף בַּחוּץ, אֲנִי נוֹשֵׁךְ
שְׂפָתַי. שׁוֹתֵק. לֹא נָע. אֲנִי עַל תַּפְקִידִי. אֲנִי הַפֶּתַח הַפְּנִימִי.

I AM THE INNER ORIFICE

I absorb everything and wait in the dark.
The murmurs arrive. The strokes.
I'm quiet. I am the inner orifice.
Emissaries and messengers draw near.
I'm inside. I am the inner orifice.
Voices enter. Shouts. Near and far. Doctors.
The families arrive. They all go out, they've come to look. I'm silent.
I'm on the inside. I am the inner orifice.
Barks arrive. And the wailing
thickens, feverish. So delusional. I am
alone inside, but I hear everything
and keep silent. I
am in charge of my role now. I'm standing alone. Alone. Alone
on the verge, I don't fall, I'm truly
on the edge of the inner orifice.

Hot streams arrive and try me now. The ocean tongue recedes.
Storms rage. A pleasurable wind licks the shore outside, I bite
my lips. I'm silent. I don't move. I'm on the job. I'm the inner orifice.

משוררים

לְמִי שֶׁלֹּא מַכִּיר אוֹתָנוּ, הִנֵּה, בְּבַקָּשָׁה:
אֲנַחְנוּ מַשְׁתִּינִים.
זֶה שָׁנִים, אֲנַחְנוּ מַשְׁתִּינִים, בְּיַחַד, מִגָּבוֹהַּ,
בְּמֶרְכַּז עַל הָעוֹלָם כֻּלּוֹ, עַל אֲרָצוֹת, יַמִּים,
עַל הַגְּבָעוֹת שֶׁמִּסָּבִיב, עַל הֶהָרִים הַמִּתְנַשְּׂאִים,
אֲנַחְנוּ מַשְׁתִּינִים, בְּקֶשֶׁת שֶׁל חֶדְוָה, עַל כָּל
הָעֲנָנִים הַלְּבָנִים, אֲנַחְנוּ מַשְׁתִּינִים, בְּקֶשֶׁת עֲצוּבָה,
מִתָּז שֶׁל מִיץ צָהֹב וּמֶרְכָּז. תֵּדַע לְךָ: בַּשֶּׁתֶן
יֵשׁ לְךָ גַּם אַסְפַּקְלַרְיָה רְחָבָה,
הוּא בָּאֱוּוֹאָה שְׁקוּפָה וַאֲמִתִּית לְכָל תַּשְׁתִּית הֲוָיָתֵנוּ,
מִן הַקְּרָבַיִם וְהַפָּנִים, וּמִן הַחֵלֶק הֶעָמֹק וְהַנִּסְתָּר,
שֶׁל הַתַּמְצִית, שֶׁמֵּרֵאשִׁית הֲוָיָתֵנוּ, אֶת הַגַּרְעִין, אֶת הַבָּסִיס,
אֶת הַחֲיוּת שֶׁלָּנוּ, אֶת הַכֹּל.

אֲנַחְנוּ מַשְׁתִּינִים כָּעֵת מִצַּד יָמִין לִשְׂמֹאל.
וּבְסִיבוּבִים קְטַנִּים, כְּמוֹ דַּיָּה, חַגִּים מֵעֲלֵיכֶם.
בְּרֹךְ, בְּחֵן, בִּמְיֻמָּנוּת קוֹלַחַת:
טִפָּה אַחַת וִיחִידִית,
בַּסּוֹף, בַּקֵּץ, בַּזְּמַן אַחֲרִית,
שֶׁל הַקִּיּוּם הָאֱנוֹשִׁי,
כֻּלּוֹ בְּיַחַד, עִם הַנִּדְנוּד הַקַּל,
וְהֶעָדִין, בְּנַחַת, כְּרַעַל מְרֻכָּז מְאֹד,
תָּפֵל, פְּצָצָה מֵרֹאשׁ מִגְדָּל,

טִפַּת-הַשִּׁיר, אֶל הָאֲגַם מִתַּחַת.

POETS

For those who don't know us, here, if you please:
we piss.
For years, we've been pissing together, from on high,
with great concentration, on the whole world, on countries, seas,
the surrounding hills, on the haughty hills
we piss in a joyful arc, on all
the white clouds, we piss in a sad arc, and spray yellow,
concentrated juice. You should know: Piss
is a vast mirror,
a clear and true reflection of the foundation of our experience,
the guts and the insides, and the profound and hidden,
the essence, the first experience, the core, the basis
of our vitality, of everything.

Right now we piss from right to left,
in small circles, like a vulture circling above you.
Gently, gracefully, with fluid skill:
just one drop,
at the end, at the finish, at the end of days,
of human existence,
all at once, with a light, graceful sway,
comfortably, like a highly concentrated poison,
a bomb falling from the top of a tower,

a drop of poem, on the lake below.

שִׁיר לְשִׁלְטוֹנוּת הַפַנְטַזְיָה

שִׁיר לְשִׁלְטוֹנוּת הַפַנְטַזְיָה שֶׁפָּתְחוּ נֶגְדִּי בַּחֲלוֹמוֹת
בַּחֲקִירָה פְּרָטִית צוֹלֶבֶת.
שִׁיר לְשִׁלְטוֹנוּת הַפַנְטַזְיָה וְגוֹבֵי הַמֶּכֶס,
בְּיָדָם נֵרוֹת וְאֵשׁ שַׁלְהֶבֶת.
שִׁיר לְשִׁלְטוֹנוּת הַפַנְטַזְיָה וְגוֹבֵי הַמֶּכֶס, כָּל הַצֶּוֶת,
שֶׁמְּמַשֵּׁךְ אוֹתִי מִן הַמִּטָּה עֵירֹם, עָטוּף בְּגֶבֶס.
פּוֹתְחִים עַתָּה בַּעֲדִינוּת אֶת הָרוֹכְסָן.

גּוֹבִים אֶת הַמְּכֻסֶּה. הוֹלְכִים וּמְמַלְּאִים שַׂקִּים גְּדוֹלִים שֶׁל חוֹל,
וּבְיָדָם צַוִּים שֶׁל בֵּית-מִשְׁפָּט לַהֲרִיסָה.
יוֹצְאִים נֶגְדִּי לְמִלְחָמָה אִישִׁית בַּחֹפֶשׁ הַגָּדוֹל.
כִּי הַפַנְטַזְיוֹת הַגְּנוּבוֹת שֶׁלְּךָ הָיוּ
בִּשְׁנַת תַּרְסַ"ח-תַּרְפַּ"ו רְכוּשׁ הַמְּדִינָה,
וְהַפְּקִידִים אֲשֶׁר מֻנּוּ עַתָּה לִהְיוֹת, הֵם רַק שְׁלִיחִים שֶׁל הַשֵּׁנָה.

— אֲבָל שְׁלִיחִים שֶׁל אִידֵאָל ! שֶׁל רַעְיוֹן ! שְׁלִיחִים מַעֲמִיקִים —
שֶׁל הִגָּיוֹן, שֶׁל מַחֲשָׁבָה
וְשֶׁל הָגוּת, שְׁלִיחִים שֶׁל מְסִירוּת, שְׁלִיחִים שֶׁל מְסִירוּת
וְהִתְנַדְּבוּת וְהִתְגַּיְּסוּת,
שְׁלִיחִים שֶׁל מְדִינָה גְּדוֹלָה, בְּהֶרְיוֹן ! !

הוֹ, שִׁיר לַשִּׁלְטוֹנוּת הַיְקָרִים אֲשֶׁר פָּתְחוּ
נֶגְדִּי סִדְרַת מַעֲצָרִים, אֲשֶׁר פָּתְחוּ נֶגְדִּי בַּחֲלוֹמוֹת-בִּפְנִים
בַּחֲקִירָה-פְּנִימִית צוֹלֶבֶת. הוֹ שִׁיר לַשִּׁלְטוֹנוּת
שֶׁל הַפַנְטַזְיָה וּלְעַשְׂרוֹת גּוֹבֵי הַמֶּכֶס, בְּיָדָם נֵרוֹת תְּפִלָּה
וְאֵשׁ שַׁלְהֶבֶת. זֶה שִׁיר נִלְהָב, אֲשֶׁר יוּשַׁר בְּפִי,
עַכְשָׁו, בְּכָל כֹּחִי, לַשִּׁלְטוֹנוּת הַיְקָרִים שֶׁל הַפַנְטַזְיָה,
לְכָל הַצֶּוֶת, כָּל הַצֶּוֶת שֶׁמְּמַשֵּׁךְ אוֹתִי הַיּוֹם מִן הַמִּטָּה עֵירֹם,
עָטוּף בְּגֶבֶס.
פּוֹתְחִים עַתָּה בַּעֲדִינוּת רַבָּה אֶת הָרוֹכְסָן.

ODE TO THE AUTHORITIES IN CHARGE OF FANTASY

This is an ode to the fantasy authorities who have begun in dreams
to cross-examine me personally.
An ode to the fantasy authorities and tax collectors
carrying candles and blazing fire.
An ode to the fantasy authorities and tax collectors, the entire crew
that pulled me naked out of bed, wrapped in a plaster cast,
and who now are gently opening a zipper.

They collect taxes. Fill large sacks with sand,
with court orders for demolition in their hands.
Wage a private war against me during summer vacation.
Because your stolen fantasies were
government property in 1908 and 1926,
and the newly appointed clerks are just this year's emissaries.

But also emissaries of an ideal! Of a concept! Emissaries of logic,
of thought — who delve deep —
emissaries of philosophy and devotion, emissaries of devotion
and of volunteerism and enlistment, emissaries of a great,
pregnant nation!!

Oh, this is an ode to the dear authorities who have begun
a series of arrests, who have begun in dreams
to cross-examine me. Oh, an ode to the fantasy
authorities and the dozens of tax collectors with votive candles
and blazing fire in their hands. It is an inflamed ode, sung by me
now with all my might, to the dear authorities of fantasy,
the entire crew that pulled me out of bed naked,
wrapped in a plaster cast.
Now they are gently opening a zipper.

הוֹצֵא נֶגְדִּי כְּבָר צַו אִישִׁי לַהֲרִיסָה.
אֶת כָּל הַמַּעֲשִׂים הַנִּדְרָשִׁים מִן הַמְּצִיאוּת,
כְּלוֹמַר, בְּצַד הַמַּעֲשִׂי. עַל כַּךְ גּוֹבִים אוֹתָם
פְּקִידִים שׁוּמָה, מְסִים, וּמַטִּיפִים מוּסָר, לִגְבּוֹת אֶת
פֶּלַח הַמִּכְסָה. הִנֵּה טְפָסִים, נְיָר, וְגִלְיוֹנוֹת,
פְּרָטִים חֲשָׁאִיִּים שֶׁל הַמֻּרְשֶׁה וּבָא כּוֹחוֹ
הַמְיֻפֶּה חָתוּם
בְּמוֹ יָדָיו עַל גַּב הַמַּעֲשֶׂה.
וְרֹאשׁ הַכּוֹחַ הַפּוֹרֵץ, רִאשׁוֹן, בִּבְעִיטָה אַחַת אֶל הַחֲלוֹם.

זֶה שִׁיר לַשִּׁלְטוֹנוֹת, לַמִּשְׁטָרָה, לְבֵית-מִשְׁפָּט. זֶה
שִׁיר עַל עֲבֵרוֹת, עַל חֲקִירָה וְעַל אָסִיר נִמְלָט. זֶה
שִׁיר עָדִין, מְקֻדָּשׁ כַּדָּת, מְקֻדָּשׁ כַּדִּין,
זֶה שִׁיר אֲשֶׁר מְקֻדָּשׁ לַשִּׁלְטוֹנוֹת הַיְקָרִים שֶׁל הַפַנְטַזְיָה, שֶׁפָּתְחוּ
נֶגְדִּי בַּחֲלוֹמוֹת בַּחֲקִירָה-פְּנִימִית צוֹלֶבֶת.

זֶה שִׁיר אֲשֶׁר מְקֻדָּשׁ לַשִּׁלְטוֹנוֹת שֶׁלִּי וּלְעַשְׂרוֹת
גּוֹבֵי הַמֶּכֶס, לְכָל מִי שֶׁנָּטְלוּ חֶלְקָם בַּמַּאֲמָץ הָרַב שֶׁל
הַפְּשִׁיטָה. דְּהַיְנוּ, כָּאָמוּר לְמַעְלָה, לְעַשְׂרוֹת
גּוֹבֵי הַמֶּכֶס, שֶׁבְּיָדָם כָּעֵת פַּעֲמוֹנִים קְטַנִּים, נֵרוֹת
דּוֹלְקִים, וְאֵשׁ שַׁלְהֶבֶת. זֶה שִׁיר עַל שִׁלְטוֹנוֹת, וְעַל
פַּנְטַזְיָה מַרְטִיטָה. זֶה שִׁיר נִלְהָב, זֶה שִׁיר אֲשֶׁר הוֹלֵךְ כָּעֵת מְעַט-מְעַט וְזָב,
בְּעֶצֶב רַב, בְּטֶקֶס הַכְּרִיתָה.

זֶה שִׁיר עַל שִׁלְטוֹנוֹת וְעַל עַשְׂרוֹת גּוֹבֵי הַמֶּכֶס,
עַשְׂרוֹת — אוּלַי מֵאוֹת, עַל כָּל פָּנִים עַל כָּל אַנְשֵׁי הַצֶּוֶת,
כָּל הַצֶּוֶת הַמָּסוּר אֲשֶׁר מָשַׁךְ אוֹתִי בַּעֲדִינוּת מִן הַמִּטָּה.
עַכְשָׁו, בְּהִזְדַּקְּפִי, עֵירֹם, עָטוּף בְּגֶבֶס,
עַכְשָׁו פּוֹתְחִים בַּעֲדִינוּת רַבָּה
עַל הַמִּרְפֶּסֶת בַּכְּפָר אֶת הָרוֹכְסָן.

הוֹדַעְנוּ כְּבָר בְּכַוָּנוּת הַקֶּשֶׁר עַל הַכֹּחַ בִּפְרִיסָה.
פְּרָטִים חֲשָׁאִיִּים הַלַּיְלָה מִצְנָחִים, אֶל הַחֲלוֹם שֶׁלִּי כְּמוֹ
פְּתִיתִים שֶׁל שֶׁלֶג. עַל פַנְטַזְיָה יְבֵשָׁה.

They've issued a private demolition order against me.
Taken all the necessary steps in reality,
that is to say, on the practical side of things. For this they charge,
these tax assessors, collectors and preachers take
a piece of the pie. Here are forms, sheets of paper,
confidential information about the authorized signer
and his duly empowered attorney
who signed the back of the deed in his own hand.
And the leader of the first invading force, kicking into the dream.

This is an ode to the authorities, the police and the court. It is
an ode about transgression, investigation and an escaped prisoner. It is
a tender ode, properly consecrated, according to the law,
an ode dedicated to the dear authorities of fantasy, who have begun
in dreams to cross-examine me.

This is an ode dedicated to my authorities and to dozens of
tax collectors, to everyone who took part in the challenging
raid. That is, as mentioned above, to the dozens of
tax collectors who hold little bells in their hands now, lighted
candles and a blazing fire. This is an ode about authorities, about
a thrilling fantasy, an enthused ode, oozing slowly now,
very sadly, at the amputation ceremony.

This is an ode about authorities and dozens of tax assessors,
dozens, perhaps hundreds, in any case the
entire crew, the dedicated staff which gently pulled me out of bed.
Now that I'm erect, naked, wrapped in a plaster cast,
now they are gently opening a zipper
on the terrace in the public square.

We've let them know we're on call for the deployed troops.
Secrets are parachuted down tonight toward my dream
like snowflakes. Upon a dry fantasy.

מֵעַל גַּגּוֹת הַכְּפָר הַיְּהוּדִי

אֲנִי וַאֲהוּבָתִי הַדִּמְיוֹנִית מְרַחֲפִים
מֵעַל גַּגּוֹת הַכְּפָר הַיְּהוּדִי.
מֵעַל הַחֲצֵרוֹת הָרְפָתוֹת וְהַדִּירִים,
מֵעַל הַגַּגּוֹנִים הַמְּשֻׁפָּעִים שֶׁל הַלּוּלִים.

רֵיחוֹת וְקִרְקוּרִים אֲוִיר וְקֹר וְרוּחַ מְטַרְפִים אֶת
שַׂעֲרָהּ הַדִּמְיוֹנִי, הָרַךְ, הַצִּבְעוֹנִי, הַנָּע כְּמוֹ קְלָפִים.
אֲהוּבָתִי גּוֹיָה הִיא, בַּת כְּרַכִּים הִיא, מִתֵּל-אָבִיב הָעִיר הִיא,
וּמִצְחַקֶקֶת, צָחוֹק נָעִים וּמְשֻׁחְרָר.

וְגַם אֶצְלִי, שֶׁבֶּן הַכְּפָר אֲנִי, בִּהְיוֹתִי
בְּרַחוּפִי, כְּבָר נֶעֶלְמוּ, חָלְפוּ
שְׁיָרֵי הָעֲקֻבּוֹת, הַגִּמְגּוּמִים, הַהַסְמָקוֹת,
וְדִבּוּרִי קוֹלֵחַ וְשׁוֹטֵף.
אֲנַחְנוּ מִתְנַשְּׁקִים. מַהֵר. בָּאֶמְצַע. בָּאֲוִיר. בְּלִי הַפְסָקוֹת.

יָדַי, זְקֵנִי הָרַךְ, שְׁתֵּי פְאוֹתַי וְכוֹבָעִי
וּשְׁתֵּי רַגְלַי — נָעִים
מוּלָה, לְמַעְלָה, בַּשָּׁמַיִם, כֻּלְטָאוֹת, רַבּוֹת, לְאֵין-מִסְפָּר.

חֹם הַגּוּפוֹת יוֹצֵר עָנָן לָבָן, בָּהִיר, קוֹלֵחַ, מֵעַל גַּבְּנוּן הַהָר,
הַפַּחוֹנִים הָעֲצוּבִים וּקְבִיּוֹת הַכְּפָר.

אֲנַחְנוּ מִתְחַבְּקִים אֵפוֹא, לְמַעְלָה, בַּמֶּרְכָּז,
בַּתְּכֵלֶת, בְּאֶמְצַע הַשָּׁמַיִם הַתְּכֵלִים,
בְּדִיּוּק מֵעַל הַכְּנֵסִיָּה, מֵעַל הַצְּלָב,

וְכָל הַכְּפָר הַיְּהוּדִי שֶׁלִּי בּוֹהֶה, מַבִּיט.
וּכְמוֹ עֶשְׂרוֹת עֵינַיִם נִנְעָצוֹת אֶצְלִי בַּגַּב.

אַךְ אָנוּ בְּשֶׁלָּנוּ, מַגְבִּיהִים !
נֶעְלָמִים בֶּעֲנָנִים, גָּבוֹהַּ ! כֹּה גָּבוֹהַּ !
בִּנְשִׁיקָה שְׁמֵימִית, קְרוֹבִים לֵאלֹהִים !

ABOVE THE ROOFS OF THE JEWISH VILLAGE

I and my imaginary lover hover
above the roofs of the Jewish village.
Above the courtyards, dairy barns, animal pens.
Above the slanting roofs of the chicken coops.

Amid smells and clucking, cold air and wind
muss her imaginary hair, soft, colorful, flapping like cards.
My love is not Jewish, she's an urban girl, from the city of Tel Aviv,
giggling a pleasant and liberating laugh.

I'm an inhibited village boy, and as I hover,
the stammering
and the rest of my blushes have completely disappeared,
my voice is eloquent.
We kiss. Quickly. In the middle. Of the air. Without stopping.

My hands, my tender beard, my earlocks, my hat
and my two feet — moving
near her, up there, in the skies like so many uncountable lizards.

The heat of our bodies creates a white cloud, pale and streaming
above humpbacked mountains, sorry tin shacks and village cubes.

And so we embrace, up there, in the center,
in the blue, in the middle of the blue sky,
right above the church, above the cross.

And the entire Jewish village stares, watches,
like dozens of eyes stabbing my back.

But we are into our thing, rising!
Disappearing into the clouds, high! So high!
In a heavenly kiss, close to God!

הוֹי ! חֵץ־כְּאֵב אֲהוּבָתִי,
אֲהוּבָתִי הַדִּמְיוֹנִית, הַנָּכְרִיָּה,
הַמְפַלֵּחַ אֶת הַכְּפָר שֶׁבְּלִבִּי, כְּמוֹ יְרִיָּה,

בִּנְשִׁיקָה עַזָּה מְאֹד, בִּנְשִׁיקָה
שְׁמֵימִית, וְכָל הַשְּׁאָר —

כְּלוֹמַר, כָּל הַחַיִּים
שֶׁאַחַר־כָּךְ, בַּכְּפָר, הֲרֵי הֵם
מְשׁוּלִים לְפֶצַע.
פֶּצַע הַנִּגְרָר אִתִּי שָׁנִים —

וּכְמוֹ תַּצְרִיב כָּזֶה יָפֶה,
שֶׁל בֶּן־עָקוּד, נְפוּל־פָּנִים,
שֶׁבִּיצִירַת אָמָּן,

אוֹ כְּמוֹ
חֲתַךְ הַמַּחֲרֵשָׁה, הַמְדַמֵּם עַצָבוּת,
עַל פְּנֵי תַּלְמֵי הַזְּמַן —

Oy! a painful arrow, my love,
my imaginary, non-Jewish love,
cleaves the village in my heart, like a gunshot,

with a very daring, heavenly
kiss, and all the rest —

that is to say, all of life
that comes after, in the village, is
an allegory about a wound.
A wound I've dragged along with me for years —

like this lovely etching,
of a sacrificed child, face fallen,
by an artist,

or like
the slash of a plow bleeding sorrow,
on top of the furrows of time —

פָּרָשַׁת הַשָּׁבוּעַ

אֲנִי כּוֹתֵב כָּרֶגַע אֶת הַפָּרָשָׁה שֶׁלִּי.
הַבִּיטוּ רֶגַע, אֲנִי נִשְׁבָּע לָכֶם בַּאֲבוֹתַי:
אֵינִי מֵזִיז אֲפִלּוּ זִיז אוֹ קוֹץ אוֹ אוֹת, עַד
שֶׁיַּעַבְרוּ מִמֶּנִּי, וּלְעֵיל, וָהָלְאָה,
לְהַלָּן, עַיֵּן וְשָׁם,
כְּלוֹמַר, דְּהַיְנוּ, כְּפִי שֶׁיָּבֹאַא,

כָּל שְׁאָר הַפָּרְשִׁיּוֹת !
דַי ! מַדּוּעַ תַּעַמְדוּ, בּוֹהוֹת,
אַתֶּן, הָאוֹתִיּוֹת ! כְּאִלּוּ יֵשׁוּ
מְמַלְמֵל לְמַעְלָה אֶת דְּרָשַׁת הָהָר !

לֵכְנָה ! שֵׁבְנָה ! בֹּאנָה !
אֵינִי מֵזִיז דָּבָר !
אֲפִלּוּ תָּג !
אֲנִי נִשְׁבָּע.
נִשְׁבָּע לָכֶם, בַּטּוֹב וּבַיָּקָר:
אֲפִלּוּ קוֹץ !
אֲפִלּוּ קוֹץ, אוֹ תָּג !

אֲנִי נִשְׁעָן
עַל הַגָּדֵר הַיְשָׁנָה,
עַד שֶׁתֵּחָצוּ ! אַתֶּן,
אַתֶּן תֵּלְכוּ, וְתֵחָצוּ! לְבַד ! !

פָּרָשַׁת הַכְּתֹנֶת שֶׁל יוֹסֵף, וַחֲצָאִית דִּינָה,
הַשּׁוּנַמִּית, פָּרָשַׁת הַקֹּר, הָעוֹר, שְׂמִיכַת רָחֵל,
וְהַלֵּדָה, פָּרָשַׁת הָמוֹן זֹעַם זוֹעֵם לִי בַּחַלּוֹן, (בִּסְדוֹם),
וְהַחֲמוֹר בָּעֲקֵדָה.

THE WEEKLY TORAH PORTION

I'm writing my own portion at this moment.
Take a look. I swear upon my ancestors:
I'm not changing one dot, curlicue or letter, until
they move off, as referenced aforementioned and below,
as follows, see under, ibid,
that is to say, in other words, as will be made clear.

To all the rest of the portions!
Enough! Why do you letters
stand and stare. As if Jesus
were mumbling the Sermon on the Mount up there!

Go away! Come back! Come on now!
I'm not changing a thing!
Not even one serif!
I swear.
I swear to you on all that is dear to me:
not even one curlicue!
Not one curlicue or serif!

I will lean
on the old fence,
until you cross it! You,
you will cross over! Alone!!

The portion about Joseph's coat of many colors, and Dinah's skirt,
the woman from Shunam, about cold and skin, Rachel's blanket,
and birth, about the angry hordes at the window, (in Sodom),
and the donkey in the Binding of Isaac.

הגהות אחרונות לשיר

לִילִית שֶׁלִּי, הַאִם אַתְּ מֻגַּהַת? כָּתַבְתִּי אוֹתָךְ
בְּהַתְחָלָה בַּשִּׁיר הַזֶּה אַהֲבָה בְּאָלֶף, וְכָתַבְתִּי אוֹתָךְ
אַחַר-כָּךְ בַּשִּׁיר הַזֶּה בִּינָה בְּבֵית, וְנִסִּיתִי בְּגִימֶל גִּילָה,
וּבְדָלֶת דִּיצָה, וְגַם עַל הֵא בְּהֶבֶל
לֹא וַתַּרְתִּי כְּלָל, וְהַלֵּל, וְהִלּוּלָה,
לִילִית ! הִנֵּה, שׁוּב אַתְּ עוֹלָה !

אַתְּ דּוֹרֶכֶת עַל הַנְּיָר שֶׁלִּי ! אַתְּ מַמָּשׁ מְפֹרַעַת !
הַאִם אַתְּ שָׂמָה לֵב בִּכְלָל לַשְּׁאֵלָה ? לִילִית שֶׁלִּי,
הַאִם אַתְּ מֻגַּהַת ? אֲנִי מִתְבּוֹנֵן בָּךְ הֵיטֵב מִבַּעַד לְרַגְלֵי
הַוָּו, הַזַּיִן וְהַחֵית, הַאִם אַתְּ בִּכְלָל מוּדַעַת ?
לִילִית שֶׁלִּי, הַאִם אַתְּ מִשְׁתַּנֵּית ?

הִנֵּה, אֶשְׁכּוֹל שַׂעֲרוֹתַיִךְ הַפְּרוּעוֹת, וְעֵינַיִךְ הַמֻּצָתוֹת, וְחָזֶךְ
הָעוֹלֶה, וְחָזֶךְ הַיּוֹרֵד, אֵינִי יָכוֹל לִבְטֹחַ בָּךְ בִּכְלָל.
אֲנִי פּוֹרֵם אֶת הַחוּטִים, וּמוֹצֵא בָּךְ שְׁתֵּי עֵינַיִם אֲחֵרוֹת, מֵחֲרוּזֵי
זְכוּכִית פְּשׁוּטִים. הָפַכְתִּי אוֹתָךְ לְמַעְלָה, וְשָׁפַכְתִּי לְמַטָּה
אֶת כָּל הַפְּרִיטִים. נָפַל גַּם שַׂק הַגַּב, הַכֹּל, הַכֹּל, כָּל הַחַיִּים,
הָיוּ לְפֶתַע בּוֹר עָמֹק אֶחָד, וְאֶלֶף תַּחְתָּחִים.

לִילִית,
תַּגִּידִי לִי, כְּשֶׁאֲנִי כּוֹתֵב עָלַיִךְ שִׁיר,
וְנָע עַל הַנְּיָר הָרֵיק, רוֹעֵד,
הַאִם אֲנִי בּוֹטֶה, יָשִׁיר ? אוּלַי אֲנִי אִטִּי, חוֹשֵׁד ?
הַאִם אֲנִי נוֹשֵׁם? הַאִם אֲנִי נִרְאָה לָךְ עֵר ?
אוּלַי אַתְּ מְרִיחָה אֶצְלִי גּוּפָה שֶׁל מֵת ?
אוּלַי בִּכְלָל אֲנִי שִׁכּוֹר ? !

אוּלַי לַהֶפֶךְ, אֲנִי חַי !
אַמִּיץ מְאֹד ? אוּלַי מַמָּשׁ גִּבּוֹר ? !

תַּגִּידִי לִי, לִילִית, כִּמְשׁוֹרֵר — אֲנִי
אָדָם אוֹ שֵׁד —
אוּלַי אֲנִי צִפּוֹר ? ?

FINAL CORRECTIONS TO A POEM

My Lilith, are you proofread? I wrote of you
at the beginning of this poem with an "a" for "amour"
and then "brilliant" with a "b," and I tried "cheerful" with a "c,"
"delight" with a "d," and didn't surrender the "e's"
in "exalt" "extol" and "exceptional."
Lilith! Look, once again you rise!

You're stepping on my paper! You're really disturbed!
Have you thought about the question at all? My Lilith,
are you proofread? I'm staring at you through the serifs
of "f" "u" and "k," are you paying any attention at all?
My Lilith, are you changing?

Look, your mane of wild hair and fiery eyes, your chest
rising, your chest falling. I can't trust you at all.
I unravel the threads, find two other eyes, made of simple
glass beads. I turned you upside down and shook
all the details out. A backpack fell too, everything, all of life,
suddenly becoming a deep pit and a thousand bumps.

Lilith,
tell me, when I write a poem about you,
and hover over the blank page, trembling,
am I being rude, too direct? Perhaps I'm slow, suspicious?
Am I breathing? Do I seem alert to you?
Perhaps you smell the scent of a dead body on me?
Perhaps I'm simply drunk?!

Perhaps the opposite is true. I'm alive!
Extremely brave? Perhaps a real hero?!

Tell me, Lilith, as a poet —
am I man or ghost —
or perhaps a bird??

שְׁלוֹשָׁה סְעִיפִים חֲדָשִׁים
לְשֻׁלְחָן עָרוּךְ

סָעִיף א

הִנֵּה, מְדִין מַסְרֵק עֲדַיִן לֹא יָצָאתָ,
מְדִין הַשַּׂעֲרָה, מְדִין קָלָא, מְדִין חַמְרָא,
מְדִין בִּטּוּל, מְדִין חָדָשׁ, מְדִין הַקַּשׁ, מְדִין גִּבְבָה,
וּמֵאִסּוּר פְּלֵיטָה בְּחֹם הַסִּיר, וּבְקַדְרַת הַתַּאֲוָה.
כִּי שׁוּם דָּבָר מַמָּשׁ
עֲדַיִן לֹא יָצָא מִמְּךָ.

סָעִיף ב

וּמֵאִסּוּר הָרְתִיחָה, וְהָרְצִיחָה,
מְדִין הַשַּׂעֲרָה בַּפֶּה, בַּיָּד,
מְדִין הַבַּלְעָן, מְדִין כּוּתִי וַעֲרָבִי וְגוֹי
וַאֲסוּפִי, סוּמָא, לְבְקָן, גַּמָּד.
מְדִין הָרֵק-בַּלֵּב, מְדִין הַגִּעְגּוּעַ, מְדִין הַזֶּרַע שֶׁבַּכִּיס,

סָעִיף ג

עַל מִי אַתָּה עוֹבֵד ? צֵא צֵא צֵא מַר בְּלִיַּעַל,
בֶּן חָצוּף —
בְּיָד אַחַת גּוֹמֵר — וּבַשְּׁנִיָּה מַכְנִיס !
הַכֹּל נִשְׁפַּךְ לְךָ,
מְדִין קָלָא, מְדִין חַמְרָא —
מֵעוֹר הַנְּבֵלוֹת שֶׁבּוֹ בָּשַׁלְתָּ,

מְדִין סוֹרֵר, מְדִין מוֹרֵד, מְדִין הַגֹּעַל-נֶפֶשׁ-בַּפַּרְצוּף.
מְדִין קְדֵרָה. וְטַעַם רַע.
מִכְּלָל אָדָם בּוֹדֵד עֲדַיִן לֹא יָצָאתָ.

THREE NEW SECTIONS
FOR THE SHULKHAN ARUKH

Section 1

You haven't fulfilled your obligation to the law of combs,
of hair, the law of leniency and severity,
the law of annulment, the new law, the law of straw, of stubble,
and the prohibition on steam from a hot pot, and the cauldron of lust.
Because nothing genuine
has ever come of you.

Section 2

And the prohibition on boiling, and murder,
a hair in the mouth or hand,
the law of confusion, of Samaritan, Arab and Gentile
and a waif, a blind person, an albino, a dwarf.
The law of spit-in-the-heart, of longing, the law of semen in a pocket.

Section 3

Who are you fooling? Go, Mr. Good for Nothing,
you've got a nerve —
you finish with one hand — and collect with the other!
You spill everything out,
the law of leniency, the law of severity —
the bastard skin in which you were cooked,

the law of recalcitrance, of rebellion, the law of the sneering face.
The law of the cauldron. And of bad taste.
You're just one man, alone.

הנה, דברים רבים מאוד שלך

הִנֵּה, דְּבָרִים רַבִּים מְאֹד שֶׁלָּךְ, שֶׁנִּשְׁתַּקְּעוּ לָהֶם בִּפְנִים,
כְּמוֹ פְּנִינִים בַּתְּהוֹמוֹת.
אֲנִי צוֹלֵל בִּבְהָלָה כְּדֵי לֶאֱסֹף אֶתְכֶן.
לָשׂוּם דָּבָר מֶכָּר אֶצְלִי כָּעֵת אֵינְכֶן דּוֹמוֹת.
אַהֲבָתִּי שֶׁלִּי ! הִנֵּךְ גְּדוֹלָה כָּל-כָּךְ וּמְאַיֶּמֶת,
כְּמוֹ אוֹקְיָנוֹס חֲלוֹמוֹת.

הִנֵּה, שָׂטִים, פְּרִיטִים קְטַנִּים, מְנַצְנְצִים,
שֶׁנִּתְפַּזְּרוּ אֶצְלִי בִּפְנִים, בְּכָל הַמְּקוֹמוֹת,
סִכָּה, כַּפְתּוֹר, וְרִיס שֵׂעָר, טִפָּה אַחַת גְּדוֹלָה שֶׁל כֶּסֶף
בֵּין שְׂפָתַיִם אֲדֻמּוֹת.
אַהֲבָתִּי שֶׁלִּי ! הִנֵּךְ גְּדוֹלָה כָּל-כָּךְ וּמְאַיֶּמֶת,
כְּמוֹ אוֹקְיָנוֹס חֲלוֹמוֹת.

שֶׁלֹּא אָבַד !
הִנֵּה, אֲנִי רוֹשֵׁם הֵיטֵב אֶת הַשְּׁבִילִים שֶׁלָּךְ בָּעוֹר,
אֶת מַעֲלֵה הַשַּׁד, אֶת הַפִּטְמוֹת.
אַהֲבָתִּי טוֹבַעַת לְאַטָּהּ בְּתוֹךְ מַפַּת הַבַּד,
כְּמוֹ כַּפְתּוֹר-שִׂמְלָה אֶחָד,
בְּיָם עֲנָק שֶׁל עֲרֵמוֹת.

אַהֲבָתִּי שֶׁלִּי ! הִנֵּךְ גְּדוֹלָה כָּל-כָּךְ וּמְאַיֶּמֶת,
כְּמוֹ אוֹקְיָנוֹס חֲלוֹמוֹת.

LOOK, SO MANY THINGS ARE YOURS

Look, so many things are yours, sunken
like pearls in the depths.
I dive in a panic to collect you,
so unlike anything else that I know.
My beloved! You loom so large and fearsome,
like an ocean of dreams.

Look, the small sparkling objects sail,
that were scattered inside me, everywhere,
a pin, a button, an eyelash, a big drop of silver
between red lips.
My beloved! You loom so large and fearsome,
like an ocean of dreams.

I don't want to get lost!
Look, I trace the passages along your skin,
the rise of a breast, nipples.
My love drowns slowly on a cloth map,
like a button on a dress,
in a vast ocean piled high.

My beloved! You loom so large and fearsome,
like an ocean of dreams.

במישור ששם נעשים הדברים הגדולים אחרת יש איש

בַּמִּישׁוֹר שֶׁשָּׁם נַעֲשִׂים הַדְּבָרִים הַגְּדוֹלִים אַחֶרֶת יֵשׁ אִישׁ וְיֵשׁ אִשָּׁה וְיֵשׁ גַּם שַׁיָּרָה גְדוֹלָה שֶׁל תַּאֲווֹת. שַׁיָּרָה דְּחוּפָה, שֶׁמְּמַהֶרֶת. גֶּשֶׁם שֶׁל חֲרָדוֹת יוֹרֵד לְאַט-לְאַט עַל כָּל הָעִיר הַמְּסֻגֶּרֶת, עַל מַצַּב-הָרוּחַ הַקּוֹדֵר, עָלָיו (הָאִישׁ), עַל הַגַּגּוֹן שֶׁל הַמְּכוֹנִית, הַמְּשׁוֹטֶטֶת, סַחֲרוּרִית-בַּכְּבִישׁ, וְגַם עַל רֹאשׁ הַמִּטְרִיָּה הָאֲדֻמָּה שֶׁל הַגְּבֶרֶת. וְלַמְרוֹת זֹאת, בָּרוּר לַחֲלוּטִין (לְכָל מִי שֶׁמֵּבִין) כִּי בַּמִּישׁוֹר שֶׁשָּׁם נַעֲשִׂים הַדְּבָרִים הַגְּדוֹלִים אַחֶרֶת, יֵשׁ אִישׁ וְיֵשׁ אִשָּׁה וְיֵשׁ גַּם שַׁיָּרָה גְדוֹלָה שֶׁל תַּאֲווֹת. שַׁיָּרָה דְּחוּפָה מְאֹד, שֶׁמְּמַהֶרֶת. הַחַיִּים נִמְשָׁכִים, כְּמוֹ שֶׁאוֹמְרִים. הוּא מְלַמֵּד, הִיא מְלַמֶּדֶת, וְכָל הַתַּלְמִי-דִים רוֹאִים מִן הַחַלּוֹן, הַשַּׁעַר, עַל הַלּוּחַ יָד גְּדוֹלָה מְאֹד – כָּזֹאת שֶׁל אֱלֹהִים כּוֹתֶבֶת. מָה הִיא כּוֹתֶבֶת? שֶׁבַּמִּישׁוֹר שֶׁשָּׁם נַעֲשִׂים הַדְּבָרִים הַגְּדוֹלִים אַחֶרֶת יֵשׁ אִישׁ כָּזֶה וְיֵשׁ אִשָּׁה כָּזֹאת וְיֵשׁ גַּם שַׁיָּרָה גְדוֹלָה שֶׁל תַּאֲווֹת. שַׁיָּרָה דְּחוּפָה-מְאֹד-מְאֹד, שַׁיָּרָה גְדוֹלָה כָּזֹאת, שֶׁל קַבְּצָנִים, שֶׁל נַוָּדִים, גַּנָּבִים, פִּסְחִים, עִוְרִים, שֶׁמְּמַהֶרֶת. אַךְ מַה נוּכַל לוֹמַר? אִישׁ אֵינוֹ יוֹדֵעַ בְּדִיּוּק לְאָן. הַשָּׁמַיִם מְסַמְּנִים כַּמָּה דְּבָרִים, וְהָאָרֶץ מְעַוֶּ-תֶת לָהּ פַּרְצוּף, אֲבָל בַּסּוֹף עוֹנָה, כְּאִלּוּ בְּשָׁעָה שׁוֹנָה, וּבָאֶמְצַע – כָּל הַהֶבֶל הַסָּמִיךְ מִן הַבִּפְנִים-שֶׁלּוֹ עוֹלֶה, כְּמוֹ סִימָן-קְרִיאָה עָקֹם, יוֹצֵא מִן הַמִּקְטֶרֶת. הִיא מְנַסָּה, מִצִּדָּהּ, הִיא לֹא בְּטוּחָה שֶׁבִּכְלָל שֶׁהִיא קַיֶּמֶת, אוּלַי הִיא. הַמְצָאָה מִן הַדִּמְיוֹן שֶׁלּוֹ, וּבִכְלָלָה בְּאֵיזוֹ פָּרָשָׁה אַחֶרֶת. גַּם הוּא שָׁכַח פְּרָטִים, שׁוֹפֵת קוּמְקוּם שֶׁל מַיִם, מְנַקֶּה אָזְנוֹ בַּזֶּרֶת, וְהוֹלֵךְ לַשֵּׁרוּתִים (עַכְשָׁו הוּא מְנַסֶּה לִבְדֹּק שִׁיטָה נוֹחָה יוֹתֵר לָשֶׁבֶת), אֲבָל הַכֹּל-הַכֹּל כְּמוֹ בַּצִּיּוּר, בָּרֶקַע, כִּי בָּרוּר כָּרֶגַע לְכֻלָּם (גַּם לָאָדוֹן, גַּם לַגְּבֶרֶת) כִּי בַּמִּישׁוֹר שֶׁשָּׁם נַעֲשִׂים הַדְּבָרִים הַגְּדוֹלִים אַחֶרֶת, יֵשׁ אִישׁ אֶחָד וְיֵשׁ אִשָּׁה אַחַת, וְיֵשׁ גַּם שַׁיָּרָה גְדוֹלָה שֶׁל תַּאֲווֹת. שַׁיָּרָה דְּחוּפָה מְאֹד, שֶׁל עֲשָׂרוֹת, אוּלַי מֵאוֹת, שֶׁכָּכָה זָזָה קְצָת וּמְנַעֲנֶרֶת. כְּמוֹ שַׁיָּרָה גְדוֹלָה כָּזֹאת שֶׁל גַּעְגּוּעִים (שֶׁנִּשְׁלְחָה, כְּמוֹ חֲבִילָה, יָשָׁר מֵאֱלֹהִים), שֶׁל הַדְּבָרִים הַבֶּאֱמֶת-גְּדוֹלִים. שֶׁבָּאָה. זָעָה, קָמָה, נָעָה, מְמַהֶרֶת.

WHERE GREAT THINGS ARE DONE DIFFERENTLY

In the sphere where great things are done differently there is a man and a woman and a huge convoy of desires too. An urgent convoy, hurrying on. A rain of fears slowly falls on the shuttered city, on the dark mood, and on him (the man), on the roof of the lunatic car roaming the highway, and on the woman's red umbrella. And, nonetheless, it's completely clear (to all those in the know) that in the sphere where great things are done differently there is a man and a woman and a huge convoy of desires too. An urgent convoy hurrying on. Life goes on, as people say. He teaches, she teaches, and all the students see, from the window, the gate, and the blackboard, the-very-great-hand-of-God-writing. What does it write? That in the sphere where great things are done differently there is a man and a woman and a huge convoy of desires too. An extremely urgent convoy, hurrying on, this great convoy of beggars, hoboes, hunchbacks, the lame, the blind. Well, what can we say? No one knows exactly where it's going. The sky signals a few things and the earth frowns, but answers, as if in a different language, and in the middle — thick steam rises like a crooked exclamation point out of a pipe. The woman tries, for her part, she's not sure at all that she exists, perhaps she's a figment of his imagination, mixed-up with some other affair, and he too has forgotten details, sets the kettle on the stove, cleans his ear with his pinky, goes to the toilet (now he tries to find a more comfortable way to sit), but it's all as in a painting, in the background, because it's clear now to everyone (to the gentleman, and to the lady too) that in the sphere where great things are done differently there is one man and one woman, and a huge convoy of desires too. An extremely urgent convoy of dozens, perhaps hundreds, which in this way, moves a bit and stirs, like a great convoy of longing (sent, like a package, directly from the Lord) for the truly great things. That arrives. Shudders, stands, moves again and hurries off.

מכתב לכפר רחוק,
מעל הרי השלג של המין

נִשְׁלַח לָכֶם מוֹרוֹת, מוֹרִים, בְּבַקָּשָׁה.
אַתֶּם רוֹצִים?
מוֹרִים טוֹבִים לְגוּף.
מוֹרִים טוֹבִים מְאֹד.
שֶׁיְלַמְּדוּ אֶתְכֶם לָעוּף.
וְהַמּוֹרִים שֶׁלָּנוּ יְלַמְּדוּ
אֶתְכֶם תְּנוּחוֹת.

לָעוּף: כְּלוֹמַר לָעוּף, בְּתוֹךְ עָנָן
פְּלָאִים. עָנָן: כְּלוֹמַר, פִּלְאֵי פְּלָאִים. לָעוּף:
גָּבוֹהַּ, בֶּהָרִים, עִם צֶוֶת הַמּוֹרוֹת וְהַמּוֹרִים. מַסָּע
אָרֹךְ, מַסָּע מַדְהִים, מֵעַל הָרֵי הַשֶּׁלֶג שֶׁל הַמִּין.

תְּנוּחוֹת: כְּלוֹמַר, תְּנוּחוֹת
מְגֻוָּנוֹת. תְּנוּחוֹת שֶׁל מְשֻׁגָּעִים. הֵם יְלַמְּדוּ
אֶתְכֶם כֵּיצַד לְהִתְלַטֵּף וּלְחַבֵּק וְלֶאֱהֹב, מַגָּע
חָמִים, כֵּיצַד לְהִתְכַּסּוֹת, לְהִתְפַּשֵּׁט
לְהֵאָנַח, לֶהָאֱנַק. כֵּיצַד
לְהֵעָלֵם לְפֶתַע כְּמוֹ צִפּוֹר
גְּדוֹלָה בְּעַרְפֶל הַשְּׁכוּנִים.
בְּתוֹךְ מָסָךְ לָבָן, עָדִין,
עָדִין וְרַךְ מְאֹד, שֶׁל עֲנָנִים.

הֵם יְלַמְּדוּ אֶתְכֶם הֲמוֹן הֲמוֹן דְּבָרִים.
הֵם מוּכָנִים לְהִשָּׁאֵר בַּכְּפָר הַזֶּה,
הַרְבֵּה הַרְבֵּה שָׁנִים.

אַתֶּם תֵּשְׁבוּ וְתִרְשְׁמוּ.
הַכֹּל בְּמַחְבָּרוֹת קְטַנּוֹת,
בִּכְתָב חָרוּץ, שֶׁיִּתְמַלֵּא בְּצִיּוּרִים קְטַנִּים.

LETTER TO A FAR OFF VILLAGE,
ABOVE THE SNOWY HILLS OF SEX

We'll send you male and female teachers, here you go.
Do you want them?
Good teachers of the body.
Extremely good teachers.
Who will teach you to fly.
And our teachers will
teach you positions.

To fly, that is, to fly within
a magic cloud. A cloud, that is, wonder of wonders. To fly:
high, in the hills, with a staff of male and female teachers. A long
journey, a stunning journey, above the snowy hills of sex.

Positions, that is, varied
positions, coital positions. They will teach you
how to stroke and hug and love, a warm
touch, how to cover up, to undress,
to sigh, to murmur, how
to disappear suddenly like a large
bird into the fog of public housing.
Into the faint white screen,
so soft and subtle, of the clouds.

They will teach you many many things.
They are willing to stay in this village
many many years.

You will sit and take notes.
In diligent script, in small notebooks
that will fill with small images.

לָעוּף: כְּלוֹמַר לָעוּף, בְּתוֹךְ עֲנַן
פְּלָאִים. עָנָן: כְּלוֹמַר, פִּלְאֵי פְלָאִים. לָעוּף:
גָּבֹהַּ, בֶּהָרִים, עִם צֶוֶת הַמּוֹרוֹת וְהַמּוֹרִים. מַסָּע
אָרֹךְ, מַסָּע מַדְהִים, מֵעַל הָרֵי הַשֶּׁלֶג שֶׁל הַמִּין.

אֲבָל, כְּמוֹ בַּבְּדִידוּת, נִדְרָשׁ מִכֶּם מַסָּע אָרֹךְ. מַסָּע קָשֶׁה,
אֶל הַיַּלְדוּת. בִּכְתָב צָפוּף, כְּמוֹ
יְתֵדוֹת, מָלֵא מִקְרִים, בְּעֶפְרוֹנוֹת הַגּוּף
נִכְתַּב מִכְתָּב עָצוּב וּמְיֻסָּר לֵאלֹהִים.

בְּאוֹתִיּוֹת קְטַנּוֹת, קְטַנּוֹת מְאֹד,
שֶׁל אֲבוּדִים, כְּמוֹ הֵד הַצְּעָקָה,
בַּמַּפּוּלוֹת שֶׁל הַגְּדוֹלִים, הַכֹּל
יָפֶה כַּזֶּה, עַל לוּחַ זִכָּרוֹן.
אַתֶּם תֵּשְׁבוּ כְּמוֹ יְלָדִים.
עַל הַכִּסְאוֹת. בְּגַב
כָּפוּף. וְתִרְשְׁמוּ מִפִּיו
שֶׁל הַמּוֹרֶה לַגּוּף — הֲמוֹן
הֲמוֹן צוּרוֹת קְטַנּוֹת וְסִימָנִים.

לָעוּף: כְּלוֹמַר לָעוּף, בְּתוֹךְ עֲנַן
פְּלָאִים. עָנָן: כְּלוֹמַר, פִּלְאֵי פְלָאִים. לָעוּף:
גָּבֹהַּ, בֶּהָרִים, עִם צֶוֶת הַמּוֹרוֹת וְהַמּוֹרִים. מַסָּע
אָרֹךְ, מַסָּע מַדְהִים, מֵעַל הָרֵי הַשֶּׁלֶג שֶׁל הַמִּין.

To fly, that is, to fly within
a magic cloud. A cloud, that is, wonder of wonders. To fly:
high, in the hills, with a staff of male and female teachers. A long
journey, a stunning journey, above the snowy hills of sex.

However, as when one is lonely, you must journey a long way.
A difficult journey to childhood. In cramped script, like
spikes, eventful, with the body's pencils,
we'll write a sad, tormented letter to God.

In the very small characters
of the lost, like the echo of a shout,
against the avalanches of the mighty, everything
so beautiful, on the memorial wall.
You will sit like children.
In chairs. Backs
bent. You will take dictation
from the teacher of the body — many
many small shapes and signs.

To fly: that is, to fly within
a magic cloud. A cloud: that is, wonder of wonders. To fly:
high, in the hills, with a staff of male and female teachers. A long
journey, a stunning journey, above the snowy hills of sex.

אהיה פולינזי

אֶהְיֶה פּוֹלִינֶזִי
אֶהְיֶה בּוּרְמֶזִי
אֶהְיֶה אֲשֶׁר אֶהְיֶה
אֶהְיֶה פָּגָאן אֶהְיֶה נוֹצְרִי
אֶהְיֶה עִבְרִי אוֹ עֲרָבִי
אֶהְיֶה אֲשֶׁר אֶהְיֶה
אֶהְיֶה יַפָּנִי אַפְרִיקָנִי
אֶהְיֶה אֲשֶׁר אֶהְיֶה
אֶהְיֶה יָרֵחַ אוֹ כּוֹכָב
אֶהְיֶה נַרְקִיס אֶהְיֶה חָצָב
אֶהְיֶה אֲשֶׁר אֶהְיֶה
אֶהְיֶה אַרְיֵה אֶהְיֶה עַכְבָּר
אֶהְיֶה קְנוֹקֶנֶת עֲרֵמַת עָפָר
אֶהְיֶה עָלֶה פֵּרוּר גַּרְגִּיר
אֶהְיֶה פַּרְפַּר
אֶהְיֶה דַּיָּה רָעַת-מַבָּט
אוֹ בַּז טוֹרֵף אוֹ עַיִט
אֶהְיֶה חַרְצָן קָטָן מְאֹד שֶׁל זַיִת
אֶהְיֶה עֲנָק עוֹשֶׂה שִׁרְיוֹן אֶהְיֶה גַּמָּד
אֶהְיֶה הָמוֹן הַרְבֵּה מְאֹד אֶהְיֶה מְעַט
וּכְשֶׁתֵּלְכִי וּכְשֶׁיָּשׁוּב הַלַּיְל
וְיִרְאֵנִי שׁוּב עָצוּב וּמְפָחָד
מוּטָל עַל מִטָּתִי בַּבַּיִת
וַאֲנִי כָּל-כָּךְ לְבַד

אֲבָל אֲנִי אֶהְיֶה
אֶהְיֶה אֲשֶׁר אֶהְיֶה

I WILL BE A POLYNESIAN

I will be a Polynesian
I will be Burmese
I am that I am
I'll be pagan I'll be Christian
I'll be Jewish or an Arab
I am that I am
I'll be Japanese African
I am that I am
I'll be a moon or a star
I'll be a daffodil or a squill
I am that I am
I'll be a lion I'll be a mouse
I'll be a tendril a pile of sand
I'll be a leaf a grain a seed
I'll be a butterfly
I'll be a mean-faced hawk
or a falcon or an eagle
I'll be a very tiny olive pit
I'll be a giant in armor I'll be a dwarf
I'll be a multitude I'll be a few
and when you go and night returns
it will see me sad and fearful
sprawled again on my bed at home
very very alone

but I am
I am that I am

כתבתי אלייך מכתב אהבה בקירילית

כָּתַבְתִּי אֵלַיִךְ מִכְתַּב אַהֲבָה בְּקִירִילִית.
וְכָתַבְתִּי אוֹתוֹ אַחַר כָּךְ שׁוּב, בִּמְלִיצוֹת,
וְסִגְנוֹנוֹת וְאִמְרֵי שֶׁפֶר, וּבְאוֹתִיּוֹת גְּדוֹלוֹת
מְאֹד שֶׁל יְלָדִים, מִמַּחְבְּרוֹת בֵּית-סֵפֶר,

וּבְסִלְסוּלִים סִפְרוּתִיִּים, וּבְדִמּוּיִים
שֶׁל אוֹהֲבִים, לָנֶצַח, לְתָמִיד, שֶׁהֶעֱתַּקְתִּי
מִסִּפּוּר טוּרְקִי יָשָׁן, עַל הַסּוּלְטָן חָמִיד.
בִּכְתָב יָפֶה וּמְעֻדָּן.

הַכַּוָּנָה שֶׁלִּי בְּ"דִמּוּיִים", רַק שֶׁתָּבִינִי גַּם,
זֶה כְּמוֹ שֶׁגִּבּוֹרִים אוֹמְרִים לָאֲהוּבָה יְפֵהפִיָּה
בַּמַּחֲזֶה: "אַתְּ יָפָתִי" וְ"יוֹנָתִי" וְכַיּוֹצֵא בָּזֶה, שֶׁ"אַל
תֵּלְכִי רָחוֹק, בְּבַקָּשָׁה", אוֹ, לִפְעָמִים אוֹמְרִים לָהּ
בִּדְמָעוֹת: "אַל תִּתְרַחֲקִי מִכָּאן".

כָּזֶה ! כָּזֶה מַמָּשׁ ! מִכְתָּב יָפֶה, וּמְנֻסָּח מְאֹד
נָקִי, נָאוֹת וּמְאָרְגָּן, כָּתַבְתִּי לָךְ, אֲהוּבָתִי,
בְּאוֹתִיּוֹת גְּבוֹהוֹת, וְגַם, צִיּוּר שֶׁלָּךְ הוֹסַפְתִּי,
עֲגֻלָּה וּמְתוּקָה. וְגַם כָּתַבְתִּי מַה צִיַּרְתִּי.
בָּאַרְמֶנִית עַתִּיקָה.

וְלֹא בִּכְדִי עָשִׂיתִי זֹאת. תֵּדְעִי,
בְּכַוָּנָה תְּחִלָּה !
הָיְתָה לִי מַטָּרָה —
שֶׁלֹּא תָּבִינִי אַף מִלָּה !
כִּי בַּחֲלוֹם
שֶׁבְּעִבְרִית —
בּוֹ אַתְּ הָיִית לִי הַמּוֹרָה —
אֲנִי הָיִיתִי הַתַּלְמִיד !

I WROTE YOU A LOVE LETTER IN CYRILLIC

I wrote you a love letter in Cyrillic.
And afterwards I wrote it again, floridly
in different styles, with proverbs, and in the very large letters
of children, as in school notebooks.

And with literary flourishes, and figures
of lovers for all time, that I copied
from an old Turkish story about Sultan Hamid.
In a fine and beautiful script.

What I mean by "figures," you should understand,
are like heroes who say to the gorgeous beloved
in a play: "You are my beauty" "my dove" and so on, and "don't
go away, please," or sometimes tell her
through tears: "Don't leave me."

Like that! Just like that! A lovely letter, cleanly
phrased, proper and well made, I wrote you, my love,
in tall letters, and I drew a picture of you
round and sweet. And I described what I'd drawn.
In ancient Armenian.

And I did it for a reason. You should know,
on purpose!
I had a goal —
that you wouldn't understand a word!
Because in the dream
which was in Hebrew —
you were my teacher
and I was the pupil!

אלוהים המרכזי

זֶה אֱלֹהִים הַמֶּרְכָּזִי אֲשֶׁר עוֹבֵר עַכְשָׁיו אֶצְלֵנוּ בַּשְּׁכוּנָה.
הַכֹּל הוּא מְרַפֵּא וּמְתַקֵּן, וְיֵשׁ לוֹ זְמַן בְּשֶׁפַע, אִישׁ
כְּבָר לֹא נִדְחָק. אֶתְמוֹל, הַיּוֹם, מָחָר, הוּא מְחַיֵּךְ.
עַכְשָׁו הוּא אֱלֹהִים הַמֶּרְכָּזִי הַבָּא בְּתוֹר זַגָּג.

זַגָּג. זַגָּג חָדָשׁ לְתִיקוּנִים, מִכֹּל מִרְפֶּסֶת וּמִרְפֶּסֶת, כָּל
בְּנֵי הַמִּשְׁפָּחָה וְהַשְּׁכֵנִים, כֻּלָּם רוֹאִים אוֹתוֹ עַכְשָׁו,
כָּזֶה רָזֶה וְדַק, כִּמְעַט שָׁקוּף, עוֹבֵר,
בִּנְינוֹחוּת גְּמוּרָה מַתְקִין וּמְסַדֵּר, הוּ
אֵין לְךָ מָה לִדְאַג גְּבֶרֶת, הַכֹּל מַבְרִיק
עַכְשָׁו, הַחַלּוֹנוֹת וְהָאוֹרוֹת, הַכֹּל
חָדָשׁ וּמְצוּחְצָח, כָּךְ הַדָּבָר
שֶׁל הַחַיִּים הוֹלֵךְ וּמִסְתַּדֵּר,
כְּשֶׁאֱלֹהִים הַמֶּרְכָּזִי שֶׁלִּי עוֹבֵר
עַכְשָׁו, בְּתוֹר זַגָּג, אֶצְלֵנוּ בַּשְּׁכוּנָה.

זֶה אֱלֹהִים הַמֶּרְכָּזִי, זֶה הָעֶלְיוֹן, זֶה הַמְּרוֹמָם,
וְהוּא עוֹבֵר עַכְשָׁו אֶצְלֵנוּ בַּשְּׁכוּנָה בְּתוֹר גַּנָּן.
עִם מַגְרֵפָה וְאֵת וּדְלִי אֶחָד שָׁבוּר. הוּא מְנַכֵּשׁ וְהוּא עוֹדֵר,
עַל הַגִּינָה שֶׁל הַשְּׁכֵנִים מִשְּׂמֹאל הוּא מְפַזֵּר אָבָק נִצָּחִי שֶׁל זוֹהַר,
עַל הַמִּכְוָה שֶׁל הֶעָתִיד, שֶׁל הֶעָבָר, מָה
יֵשׁ כָּאן לְפַחַד הוּא מְחַיֵּךְ
אֶל הַזָּקֵן וְהַזְּקֵנָה, הֵן שׁוּם דָּבָר
לֹא מְאַחָר, הֵן לִי
עֵצָה וְלִי תְּבוּנָה, וְלִי
סְלִיחָה, לִי הֲבָנָה, וְשׁוּב חוֹזֵר
הָאֵל וּמְחַיֵּךְ, זֶה אֱלֹהִים הַמֶּרְכָּזִי,
שֶׁל הַכָּבוֹד, הָעֲרָפֶל, הַמַּלְאָכִים וְהַשְּׁכִינָה,
לָאֲנָשִׁים שֶׁלִּי, הָעֲיֵיפִים כָּל כָּךְ, שֶׁבַּשְּׁכוּנָה,
אֶתְמוֹל, הַיּוֹם, מָחָר.

THE CENTRAL GOD

The central god is passing through our neighborhood now.
He heals everyone, fixes everything. And he has plenty of time, no
one will be pushed aside. Yesterday, today, tomorrow, he smiles.
He's the central god in the role of a glazier now.

A glazier, a new glazier for repairs, and from every porch
all the families and neighbors watch him now,
so tall and slim, almost transparent, passing through,
he repairs everything in complete serenity, oh
you've nothing to worry about, ma'am, everything's
shining now, the windows and the lights, all
scrubbed like new, this is how
life improves,
as my central god passes by
now, as a glazier, in our neighborhood.

He is the central god, supreme, the one on high,
and now he's passing through our neighborhood as a gardener.
With a rake and a broken bucket. He weeds, and hoes,
sprinkles bright eternal dust on the lawn of the neighbor to the left,
and on the burn wound of the future, and the past, there's
nothing to be afraid of here, he's smiling
at the old man and woman, it's never
too late, I have
wisdom and counsel, and I have
forgiveness and understanding and again
the god returns and smiles, the central god
of dignity, of mist, the angels and divinity,
of my people, so weary, in the neighborhood,
yesterday, today, tomorrow.

זֶה אֱלֹהִים הַמֶּרְכָּזִי, זֶה הָעֶלְיוֹן, זֶה הַמְרוֹמָם, זֶה הַנִּשָּׂא,
עוֹבֵר עַכְשָׁו אֶצְלֵנוּ בַּשְּׁכוּנָה עִם מְרִיצָה. זֶה
אֱלֹהִים הַמִּקְצוֹעִי, טָיָח, טַפְסָן בְּחֶסֶד,
וְגַם סַיָּד הַשֶּׁפַע, עַל הַמֶּרִיצָה
בֵּין הַגְּלִילִים לָאֲרִיחִים
עוֹד מְטַלְטֵל לוֹ לוּחַ גֶּבֶס הַיְּדִיעָה
וְהַבְּחִירָה, בְּעוֹד הָאֵל הַזֶּה, כָּזֶה רָזֶה, הָאֵל
הַמֶּרְכָּזִי, הָאֵל הַמִּשְׁפֵּט, אֲשֶׁר יִסַּד לִפְנֵי
שָׁנִים רַבּוֹת אֶת הַיְּקוּם הַזֶּה, טָהוֹר וְזַךְ, יוֹשֵׁב
כְּרוּבִים, גִּבּוֹר וְצַח, אָדוֹן, בּוֹרֵא, יוֹצֵר וּמֵישָׁרִים
קוֹלוֹ דּוֹבֵר, עֹשֶׂה כַּדֹּק גְּלִימַת אוֹרָה, הָאֵל
הַזֶּה עוֹבֵר עַכְשָׁו אֶצְלִי בִּנְנוֹחוּת גְּמוּרָה,
מַתְקִין יָפֶה וּמְסַדֵּר
אֶת מָה שֶׁבָּא בָּעֲבֵרָה.

He is the central god, supreme, the one on high, the lofty one,
passing through our neighborhood with a wheelbarrow now. He's
the professional god, a plasterer, an excellent steeplejack
and also a provider of whitewash in abundance, the plaster tablets
of free will and divine knowledge
totter in his wheelbarrow among the cylinders and tiles,
while this god, so slim, the central god,
Mr. Fixit, who established this pure and clean
universe many years ago, sits
with cherubim now, a pure hero, Lord, creator and speaker
of the plain truth, wrapped in a filmy robe of light, this god
passes near me in complete serenity now,
a good maker, fixing
every transgression he meets.

עוֹלָם

הַשֶּׁמֶשׁ הִיא כַּדּוּר לוֹהֵט.
יָרֵחַ הוּא הַשְּׁתוֹקְקוּת.
הַשְּׂעָרוֹת שֶׁלִּי הַלּוֹהֲטוֹת הֵן חֵטְא
בָּשְׂתִּי. עֵינַי כְּבוּשׁוֹת בָּאֲדָמָה.
צִפּוֹר עוֹשָׂה תְּנוּעַת כָּנָף אַחַת קַלָּה מֵעַל הַצּוּק.
וְלוֹעַ הַמְּשׁוֹרֵר שֶׁלִּי רוֹעֵד קַלּוֹת עַל הַנִּיר.
שָׁמַיִם נִפְתָּחִים כְּמוֹ תִּסְרֹקֶת מְפֹאֶרֶת
עַל רֹאשׁ אֵלָה גְדוֹלָה. הָאָרֶץ הִיא חָרִיץ עָמֹק.
הַיַּבָּשָׁה הִיא חִסָּרוֹן גָּדוֹל. אֲבָל הַמַּיִם —
הַמַּיִם מְצִיפִים אוֹתִי כָּעֵת בְּאַהֲבָה.

A WORLD

The sun is a flaming ball,
the moon a craving.
My hair flames with sin,
my shame. I avert my eyes.
A bird's wing quivers over the cliff.
And my poet's tongue trembles slightly on the paper.
The sky opens like an elegant hairdo
on the head of a great goddess. The earth is a deep crack.
The continent is sorely lacking. But the water —
the water floods over me now with love.

שזיף ביפנית

עַל קְצֵה שָׁדֵךְ הַשְּׂמָאלִי הַיָּרֵחַ
שׁוֹלֵחַ צֵל-עֵץ מְשַׁעֲשֵׁעַ, וְכוֹתֵב
בְּיַפָּנִית עֲבוּרִי:
שָׁזִיף.

וּמֵאַחַר שֶׁאֲנִי מֵיטִיב
כָּל כָּךְ לִקְרֹא אֶת כְּתַב-הַיָּרֵחַ,
אֵינִי מִתְקַשֶּׁה כְּלָל וּכְלָל לְפַעֲנֵחַ,
אֶת תֵּבוֹת הַכְּתָב הַזּוֹרֵחַ,

הַנִּרְשָׁמוֹת עֲבוּרִי,
בִּכְתַב יָדוֹ הַסַּהֲרוּרִי,
מֵעַל שָׁדֵךְ הַשְּׂמָאלִי,

כָּךְ, כָּבֵד וְאִטִּי, רוֹשֵׁם לוֹ הַיָּרֵחַ,
אַךְ וְרַק עֲבוּרִי, בִּכְתַב יָד יְרֵחִי, מִלְּמַעְלָה
לְמַטָּה, עַל קְצֵה שָׁדֵךְ הַשְּׂמָאלִי,
נְקֻדָּה,

שְׁחוֹרָה,
שֶׁהַיָּרֵחַ מַנִּיחַ,
בְּיַד אוֹר
קְשׁוּזָרָה,
עַל קְצֵה
חַד-פִּטְמָה,
קְמוּרָה,
שֶׁבְּסוֹף הַר-הַשָּׁד,

שֶׁפֵּרוּשָׁהּ,
בְּיַפָּנִית, הֲרֵי הוּא
אֶחָד:
שָׁזִיף.

PLUM IN JAPANESE

The moon casts an amusing tree-shadow
over the tip of your left breast, and writes
for me in Japanese:
plum.

And because I read
moon-writing so well,
I have no problem at all deciphering
the glowing words,

written for me
in its dazed script,
above your left breast,

that the moon transcribes so slowly and laboriously
just for me, in moon-writing, from top
to bottom, at the tip of your left breast,
a black

point
that the moon places
with a hand bound
by light,
at the tip of
one curved
nipple,
at the end of the breast-mountain,

which means
one thing
in Japanese:
plum.

מצאתי לי נישה

מָצָאתִי לִי נִישָׁה. נִישָׁה זְעִירָה בְּכֹתֶל הַחַיִּים. וּבְתוֹךְ
הַנִּישָׁה אֲכַנֵּס עַתָּה אֶחָד אֶחָד אֶת סֵדֶר אֵיבָרַי. אַחַת
הָרֶגֶל. שְׁתַּיִם זְרוֹעַ. בֶּטֶן מְקֻפֶּלֶת לִשְׁלֹשָׁה,
מֵעַל מִשְׁטָח קָצֶר.

וְגַם הָרֹאשׁ שֶׁלִּי עַכְשָׁו מוֹשֵׁךְ אִתּוֹ לְמַטָּה, בִּזְהִירוּת,
כִּמְעַט חֲצִי צַוָּאר. בִּכְלָל, הֲרֵי אֲנִי חָבוּשׁ עַתָּה
כֻּלִּי בְּתוֹךְ הַנִּישָׁה. מְקֻפָּל לִי בֶּחָלָל. וּבְתוֹךְ
הַנִּישָׁה אֲכַנֵּס אֵלַי, אֶחָד אֶחָד, אֶת סֵדֶר אֵיבָרַי.

אֶמְשֹׁךְ אוֹתָם, גְּדוֹלִים מְאֹד, וַאֲקַפְּלֵם עָלַי. וְכָךְ,
בַּשֶּׁק, לַחוּץ, אֲנִי אַרְגִּישָׁה.
כֵּיצַד הַזְּמַן הוֹלֵם
חָזָק. בַּחוּץ.
עַל לוּחִיּוֹת הַנִּישָׁה.

I'VE FOUND A NICHE FOR MYSELF

I've found a niche for myself. A tiny niche in life's wall. I'll place
each of my organs one by one inside the niche. First
a foot. Second an arm. The stomach folds up into thirds
atop a narrow shelf.

And my head retracts cautiously almost to the middle
of my neck. All in all, indeed I am now completely wrapped
inside the niche. Folded up in the space. And
inside the niche, I'll assemble each of my organs, one by one.

I'll drag them, they're huge, and pile them on top of me. And
so, squashed in a sack, I feel
how time beats
strongly. Outside.
On the sides of my niche.

אנו חולמים שאנו ישנים

אָנוּ חוֹלְמִים שֶׁאָנוּ יְשֵׁנִים.

וּבֵינְתַיִם רֹאשׁ הַמֶּמְשָׁלָה
וְצֶוֶת הַשָּׂרִים הַנִּבְחָרִים עָקְרוּ
כְּמוֹ שַׁרְשְׁרוֹת שֶׁנַּיִם
אֶת הֶהָרִים הַנִּשְׂגָּבִים
שֶׁל אֶרֶץ יִשְׂרָאֵל
הַמְּחַבְּרִים אוֹתָנוּ
בִּתְפָרִים קְטַנִּים אֶל הַשָּׁמַיִם.

עַכְשָׁו אֲנַחְנוּ בְּלִי שֶׁנַּיִם טוֹחֲנוֹת,
וְאִי אֶפְשָׁר בִּכְלָל לֶאֱכֹל.

אָנוּ חוֹלְמִים שֶׁאָנוּ יְשֵׁנִים.
וּבֵינְתַיִם רֹאשׁ הַמֶּמְשָׁלָה

וְצֶוֶת הַשָּׂרִים הַנִּבְחָרִים
עָקְרוּ לָנוּ מִתּוֹךְ הַבֶּטֶן אֶת הַטְּחוֹל
עָקְרוּ אֶת הַדְּקָלִים הַמִּתַּמְּרִים בְּיֹפִי נֶאֱצָל
מֵעַל הַחוֹף שֶׁל טְבֶרְיָה, בְּצֶבַע הַכָּחֹל
(דּוֹמֶה מְעַט לְצֶבַע שַׂעֲרוֹת הָרֹאשׁ שֶׁלָּנוּ
כְּשֶׁצָּצִים עַל הַיְרִיעָה הָאֲפֵלָה שֶׁל הַשָּׁמַיִם גִּימֵל
כּוֹכָבִים קְטַנִּים וְנִסְתַּלְּקָה שַׁבָּת)

וְרֹאשׁ הַמֶּמְשָׁלָה וְצֶוֶת הַשָּׂרִים
הַנִּבְחָרִים עָקְרוּ גַּם כֵּן בֵּינְתַיִם כְּמוֹ בְּבַת
הָעַיִן אֶת הַשֶּׁמֶשׁ, וְהִשְׁלִיכוּ וְהֶחֱלִיפוּ וְתָקְעוּ בַּחֹר
בְּנָעֳצִים גְּדוֹלִים תַּפּוּז עֲנָק יָרֹק-מְזֻהָב
מִפְּלַסְטִיק.

וְרֹאשׁ הַמֶּמְשָׁלָה וְצֶוֶת הַשָּׂרִים הַנִּבְחָרִים
חָפְרוּ שׁוּב אֶת הַמִּנְהָרָה הַיְשָׁנָה
אֶל תּוֹךְ הַפֶּה שֶׁלָּנוּ
וְעָקְרוּ אֶת הַלָּשׁוֹן הָעֲנָקִית

WE DREAM THAT WE'RE ASLEEP

We dream that we're asleep.

Meanwhile the prime minister
and his elected team
of ministers have ripped out
like a row of teeth
the sublime hills of the holy land
small stitches
cleaving us to the sky.

Now we're toothless
and we can't eat at all.

We dream that we're asleep.
Meanwhile the prime minister

and his elected team of ministers
have ripped the spleen out of our bellies
and uprooted the palms rising in lofty beauty
above the shore of Tiberias, blue
(a little like the color of hair on our heads
searching for three small stars against the dark sheet of sky
as the Sabbath ebbs)

and the prime minister and his elected team
of ministers have meanwhile gouged out
the sun like an eye and thrown it away and stuck
a giant gold and green plastic orange
in the socket.

And the prime minister and his elected team of ministers
once again dug out the old tunnel
in our mouths
and ripped out the huge tongue

שֶׁטִּפְטְפָה בֵּינְתַיִם רִיר שָׁחוּם,
מָתוֹק, צָהֹב-שָׁחֹר

וְראֹשׁ הַמֶּמְשָׁלָה וְצֶוֶת הַשָּׂרִים הַנִּבְחָרִים
עָטְפוּ אוֹתָהּ בִּזְהִירוּת בְּנֵיְלוֹן
וְכָרְכוּ בְּסֶרֶט מֶשִׁי וְהִדְבִּיקוּ אֶת תַּחְתִּית הַלֶּסֶת
לַלָּשׁוֹן וְלָאָזְנַיִם בִּשְׁבִילִים קְטַנִּים וּנְקִיִּים,

שְׁבִילִים הַמִּתְפַּתְּלִים בְּתוֹךְ גִּנּוֹת יָרָק נְאוֹת מַרְאֶה,
מְטֻפָּחוֹת מְאֹד.

וְראֹשׁ הַמֶּמְשָׁלָה וְצֶוֶת הַשָּׂרִים הַנִּבְחָרִים הֶחָרוּצִים שֶׁלָּנוּ אֲשֶׁר
יָרְדוּ לְמַטָּה לַטַּבּוּר נִקּוּ בִּיסוֹדִיּוּת רַבָּה אֶת כֹּל הַשֶּׁטַח הֶסָּגוּר
מֵעֲרֵמוֹת קַרְטוֹנִים פְּחִיּוֹת וְשַׂקִּיוֹת גְּדוֹלוֹת שֶׁל זֶבֶל

וְעָלוּ כִּמְנַצְּחִים אֶל ראֹשׁ הַמֵּצַח וְתָקְעוּ שָׁם דֶּגֶל.

that dripped, meanwhile, brown drool,
sweet and yellowish-black.

And the prime minister and his elected team of ministers
wrapped it carefully in nylon
and tied it up with a silk ribbon and stuck the lower jaw
to the tongue and ears with neat, narrow pathways,

pathways that wind inside the pleasant green parks,
so well-kept.

And the prime minister and our elected team of diligent
ministers descended to the navel, clearing very thoroughly the entire
closed area of piles of cartons and cans and large bags of garbage

and ascended as victors to the forehead and planted a flag.

אל, אל מן השרוול

פיוט לשחרית של יום כיפור

אֵל גָּדוֹל וָרָם וּמְרוֹמָם, אֵל מִסְתַּתֵּר,
חֶצְיוֹ נָקוּב, תָּחוּב
בְּבֵיִשָׁנוּת אַלְפַּיִם וְיוֹתֵר,
בְּתוֹךְ בֵּית-יָד אֶחָד.
בְּתוֹךְ פִּסַּת שַׁרְווּל.

הוֹפּ-לָה ! אֱלֹהִים !
אִם כְּבָר יָצָאתָ
רֹאשׁ שָׁלֵם,
גָּדוֹל כָּזֶה מִשָּׁם —
הֵצַצְתָּ וְרָאִיתָ
בַּסָּלוֹן שֶׁלִּי,
עַל הַשָּׁטִיחַ אֶת הַדָּם,

אֶת חַרְכֵּי הַיְּרִי, אֶת הָאֵשׁ
וְהָעַמּוּד, וְהַכִּבְשָׁן,
בְּבַקָּשָׁה מִמְּךָ !

בַּהִזְדַּמְּנוּת הַזֹּאת
רַחֵם עָלֵינוּ !

אֵל, אֵל, אֵל,
אֵל גִּבּוֹר, עָצוּם, נוֹרָא,
קָטָן אֲנִי, עָנִי,

עָלוּב אֲנִי עָלֶיךָ
לְפַלֵּל, אוֹמְרִים
עָלַי כְּאִלּוּ, מִי אֲנִי,

אֶחָד, לֹא-כְלוּם,
רַק צוּצִיק לְהַלֵּל,

GOD UP A SLEEVE

A morning prayer for Yom Kippur

Great God on high, exalted, concealed God,
half punched with holes, stuffed
shyly inside a cuff
for millennia and more.
Inside a sleeve.

Wheee! God!
If you've already emerged
with your head intact,
so big,
you've peeked and seen
the blood on the rug
in my living room,

the gun slots, fire,
pillar and furnace.
I have a request of you!

At this opportunity
please have mercy on us!

God, God, God,
hero God, almighty, awesome,
I am poor and insignificant,

pathetic, I pray
to you, they ask
who am I

a nothing,
just a pipsqueak of praise

מוּל הַגַּלִּים, עַל יָד
הַיָּם הָעַצְבָּנִי,
הַמִּתְנַפֵּל, אַתָּה
מוֹצִיא שְׁפַנִּים מוּל
הַקָּהָל, תּוֹחֵב חַיִּים לְבֵית
בְּלִיעָה אֶחָד,
הַכֹּל הַכֹּל מָשָׁל,

מָשָׁל עַל הַמַּקֵּל !

פַּסִּים שֶׁל לָבָן,
יֹפִי נֶהְדָּר פּוֹרֵחַ,
יוֹרֵד לְמַטָּה כְּמוֹ פְּרָחִים,
מִכּוֹבַע הַשָּׁמַיִם
הַמַּדְהִים, וְרַק אַתָּה
לְבַד לְבַד גּוֹאֵל !

אֵל, אֵל, אֵל, אֵל קוֹסֵם, עֲנָק
אַדִּיר, פּוֹעֵל גְּדוֹלוֹת וּנְצוּרוֹת,
בַּחֲלִיפוֹת, בַּמִּצְנָפוֹת וּבַכְּפָפוֹת,

אִם כְּבָר הוֹפַעְתָּ כָּךְ, לִפְנֵי קָהָל
נִלְהָב כָּזֶה עַל גַּב הָהָר,
בְּתוֹךְ מִתְחָם הָעִיר,

וְגַם מָשַׁכְתָּ וּפָתַחְתָּ
לָנוּ סֶדֶק צַר,
הֵזַזְתָּ לָנוּ קִיר,

רַחֵם, בְּבַקָּשָׁה !

בְּהִזְדַּמְּנוּת הַזֹּאת,
רַחֵם עָלֵינוּ !

facing the waves, by
the agitated,
crashing sea. You
draw out rabbits for
the audience, shove life
into a throat,
everything is a parable,

a parable on a stick!

Stripes of whiteness,
a wondrous beauty flourishes
descending like flowers
from the amazing
sky hat, and only You
alone alone redeem!

God, God, God, magician God, giant,
almighty, maker of great things and treasures,
in suits, in turbans and gloves,

if You've already appeared this way in front of an excited
audience like this up the mountain,
and inside the city square,

grabbed and widened
a narrow crack for us,
moved a wall for us

have mercy, please!

At this opportunity,
have mercy on us!

אַתָּה מוֹצִיא,
אַתָּה מַכְנִיס,
בִּטְרִיק אֶחָד קָטָן
אַתָּה תִּשְׁלֹף
אָזְנִי בִּרְצוּעָה,
תָּשִׂים אוֹתִי בַּכִּיס,

אַתָּה הֲרֵי אַלּוּף בְּלְהִתְחַבֵּא,
בְּאַרְנָקִים קְטַנִּים שֶׁל זְמַן,
אַתָּה, אַתָּה הָאֵל, אַתָּה
כָּזֶה אֳמָן !

אַתָּה הוּדִינִי בְּקִפּוּל,
אַתָּה קוֹסֵם מוּזָר שֶׁגֵּר

לְבַד לְבַד מִמּוּל !

אֲבָל אַתָּה —
אַתָּה אֶחָד, מִלְיָארְד !

מִלְיָארְד בְּתוֹךְ מִלְיָארְד בְּתוֹךְ
מִלְיָארְד, הַכֹּל הַכֹּל כָּלוּל בְּתוֹךְ
אַתָּה הַשֵּׁם,
אַתָּה הַשֵּׁם אֶחָד —

הַכֹּל הַכֹּל, כָּל
הַיְקוּם הַזֶּה בְּךָ כָּלוּל —

כְּמוֹ כֻּלּוֹ קְלִפַּת-שַׁבְּלוּל !

אֲבָל בַּסוֹף — תִּשְׁמַע,
תִּשְׁמַע — בַּסוֹף הֲרֵי
הֵם יְגַלּוּ אוֹתְךָ !

זֶה לֹא מִשְׂחָק !!

You bring forth,
you put back,
with a small trick
You will pull out my ear
on a leash,
put me in your pocket,

after all You are a champion at hiding
in the minuscule purses of time,
You, You God, You
are such an artist.

You are the Houdini of folding,
You are the odd magician who lives

alone alone across the way!

But You —
You are one in a billion!

A billion inside a billion,
inside a billion, all all inclusive
You are God,
God is one —

all all, the entire
universe all inclusive in You —

as if in a snail shell!

But eventually — listen,
listen — eventually
they will discover You!

This is not a game!!

אַתָּה הֲרֵי יוֹצֵא וּבָא מִשָּׁם,
וְרַק אַתָּה כָּזֶה עֲנָק, וְלֹא
תוּכַל לְהִתְחַבֵּא, מָשָׁל
הָיִיתָ רַק דַּרְדַּק,
בַּבַּיְשָׁנוּת הָאָפְיָנִית
לְךָ — בְּתוֹךְ פִּסַּת שַׁרְווּל ??

וּמָה יֹאמְרוּ עָלֶיךָ הַגּוֹיִים ?
יַגִּידוּ: לֹא תּוֹדָה !
זֶה לֹא מִשְׂחָק !

עַכְשָׁיו אַתָּה פָּסוּל ! !

אַתָּה מֵבִין ? ?
לָכֵן רַחֵם, רַחֵם,
בַּהִזְדַּמְּנוּת הַזֹּאת, רַחֵם
עַכְשָׁיו !

בְּבַקָּשָׁה,
רַחֵם, מְאֹד
מְאֹד בָּהוּל,

וְצֵא עַכְשָׁיו,
עַכְשָׁיו מִיָּד !

מִיָּד מִן הַשַּׁרְווּל ! !

After all, You come and go from there,
and You're such a giant, you won't
be able to hide, as if
You were a toddler,
with Your customary shyness —
inside a sleeve?!

And what will the non-Jews say?
They'll say: No thanks!
This is not a game!

Now You are disqualified!!

Do You understand??
Therefore, be merciful, merciful,
at this opportunity, be merciful
now!

Please, be merciful,
it's very very
urgent,

come out now,
immediately!

Immediately, from the sleeve!!

בקשה

נו לַאנְגְּוֶויץ', נו לַאנְגְּוֶויץ',
נו אָתֶ'ר וֹרְד.
נו, נָאת'ינג אֶט אוֹל.

גַ'אסְט אֶמְפְּטִי,
נו סָאי, נו, נו, נָאת'ינג.
נו לַאנְגְּוֶויץ' אֶט אוֹל, רָאתֶ'ר
סָאי:

אֶמְפְּטִי תֶ'ה
לַאנְגְּוֶויץ', בִּי סַיְילֶנְט,
אֶמְפְּטִי תֶ'ה לַאנְגְּוֶויץ',
בִּי דֶת'.

A REQUEST

No langwitch, no langwitch,
no utter word.
No, nutting et all.

Just empty,
no say, no, no, nutting.
No langwitch et all, ratter
say:

empty ta
langwitch, be silent,
empty ta langwitch,
be det.

כְּמוֹ פְּרוֹמֵתָאוּס הַיְּהוּדִי

כְּמוֹ פְּרוֹמֵתָאוּס הַיְּהוּדִי,
בְּשֶׁקֶט, מְגַשֵּׁשׁ.

אֲנִי, רִאשׁוֹן הַיְּהוּדִים,
עוֹלֶה אֶל הַמִּגְדָּל,
גּוֹנֵב מִמְּךָ תָּ'אֵשׁ.

וְגַם, בַּהֲזְדַּמְּנוּת הַזֹּאת,
תִּסְלַח לִי, אֵיזֶה בְּדַל,

סִיגַרְיָה אַחֲרוֹנָה, מִכִּיס
הָרְקִיעִים הַמְּרַשְׁרֵשׁ.

אִם לֹא אַתָּה, קוֹנֶה הַכֹּל,
מָצוּי כָּזֶה, שָׁלֵם, נִבְדָּל,

אֲנִי, לְבַד, אֶשְׁפֹּךְ עַל הַשָּׁמַיִם,
בֵּין עַרְבַּיִם, צֶבַע מְדַלְדָּל.

וְגַם אַזְמִין אֶת הָעוֹרְבִים שֶׁלְּךָ
לָבוֹא לָשֶׁבֶת לִי עַל הָעֵצִים הָאֵלֶּה,
וְלַעֲשׂוֹת לְךָ סְקַנְדָּל.

LIKE THE JEWISH PROMETHEUS

Like the Jewish Prometheus
I feel my way quietly.

I, first of the Jews,
climb the tower
and steal Your fire.

And at the same opportunity,
sorry, I steal a butt,

a last cigarette, from the crinkly
pocket of heaven.

If You don't, Owner of everything,
so real, perfect, discrete,

I myself will splash paint
over the sky at sunset.

And I'll call to Your ravens
to sit with me in these trees,
and create a scandal for You.

באנו ממבני הנצח

בָּאנוּ מִמִּבְנֵי הַנֶּצַח לָגוּר בַּמְּאוּרוֹת הַלָּלוּ
מִבְּלִי לִשְׁאֹל אוֹתָנוּ כְּלָל עַל מָה וְלָמָּה
פָּרְצוּ אֵלֵינוּ אַלְמוֹנִים קָבְעוּ
סִדְּרוּ שִׁנּוּ פָּצְחוּ חִזְּקוּ
שִׁיּפוּ קִלְפוּ

תָּקְעוּ לָנוּ צִנּוֹר גָּדוֹל בְּיָמִין
צִנּוֹר גָּדוֹל בִּשְׂמֹאל
וְשָׂמוּ לָנוּ אֲרֻבּוֹת לִרְאוֹת
קָנֶה אָרֹךְ לִנְשֹׁם

מִלְּאוּ אוֹתָנוּ חֹמֶר חֹשֶׁךְ

אָמְרוּ לָנוּ לִשְׁתֹּק אוֹ לְדַבֵּר
לִרְשֹׁם לִמְחֹק לְצַדֵּק
לִטְעוֹת לְהַעֲמִיק לִגְבֹּהַּ

עֶקְרוֹנִית אָמְרוּ לָנוּ
לִחְיוֹת

אֲבָל הִנֵּה
כְּשֶׁאָז בִּצַּעְנוּ
כְּבָר כִּמְעַט
אֶת כָּל הַמַּטָּלוֹת
הַמַּצְחִיקוֹת

כֹּה הַמּוּמִים
מִן הָרְשִׁימָה הָאֲרֻכָּה הַזֹּאת
הַמִּתְמַשֶּׁכֶת כְּבָר עַל כַּמָּה
אוּלַי שִׁבְעִים אוּלַי

שְׁמוֹנִים אוֹ קְצָת יוֹתֵר
מִכָּל הַדְּרָמָה

WE CAME FROM ETERNAL STRUCTURES

We came from eternal structures to live in these caves
without having been asked why and what for
some strangers broke in and decided for us
arranged and changed things and cracked and reinforced
and polished and peeled stuff,

inserted a big pipe on the right
and a big one on the left,
apertures for sight
and a long tube for breathing,

filled us with dark matter

and told us whether to shut up or speak
to take notes, erase and be righteous
and make mistakes, dig down and rise up

basically, they told us
to live

but when
we had carried out
almost all
the ridiculous
tasks

so stricken
by this long list
continuing over how many
perhaps seventy maybe

eighty or a little bit more
of all the drama

וְהָאֱמֶת שֶׁלֹּא
הָיָה לָנוּ בָּרוּר

לְאַף אֶחָד
בַּמְּהוּמָה הַזֹּאת

בִּכְלָל
עַל מָה וְלָמָה

and the truth is
it wasn't clear

to anyone
at all

in the commotion
why and what for

מפת ישראל

עַל הַהֶּבֶר, בְּשֶׁקֶט, כְּשֶׁאִישׁ אֵינוֹ נוֹכֵחַ,
אֲנִי עוֹשֶׂה לִי בְּפִגּוּעַ צַד אֶחָד שֶׁל הַמַּפָּה.

חָרִיץ צָנוּם. רַק לְחִמּוּם.
אֲנִי יוֹרֵק בְּרֶכֶב אֵשׁ,
וּלְצַד שֵׁנִי,
אֲנִי זוֹרֶה
אַשְׁפַּת חִצִּים.

וְכָל רִכְבֵי הַמַּלְאָכִים שֶׁלִּי
עוֹבְרִים, אִתִּי,
עַכְשָׁו, יַחְדָּו,

עוֹבְרִים
אֶת הַסִּמּוּן.

כָּל הַקַּוִּים הָאֲדֻמִּים שֶׁלִּי נֶחֱצִים.
רַק בַּשָּׁמַיִם,

רַק לְשֵׁם אִמּוּן —
פְּרוּשָׂה מַפָּה. מַפָּה כְּחֻלָּה,
הַמְכֻסָּה דְּמוּם.

MAP OF ISRAEL

On paper, quietly, when no one is around,
I play terror attack, on one side of the map.

A modest breach. Just a warm-up.
I spit at a fire engine,
and on the other side,
I scatter
a quiver of arrows.

All my angels' chariots
cross, with me,
now, together,

cross
over the line.

All my red lines are crossed.
Only in the heavens,

only as an exercise —
the map is spread. A blue map
covering the bleed.

מה שהבורגנים זורקים לרחוב מן החלון

מַה שֶׁהַבֻּרְגָּנִים זוֹרְקִים לָרְחוֹב מִן הַחַלּוֹן
אֲנִי לוֹקֵחַ לְעַצְמִי. אֲנִי חוֹשֵׁב שֶׁנֶּהֱיֵיתִי,
כָּאן, בָּאָרֶץ, מֻשְׁגָּע. הִנֵּה, תִּרְאֶה,

אֲנִי תוֹלֶה הַכֹּל
אֶצְלִי מֵעַל הַקִּיר שֶׁל הַסָּלוֹן,
כְּמוֹ פֶּחָלָצִים, אֲנִי תוֹלֶה, אֶצְלִי, בַּאֲלַכְסוֹן.

אֲנִי תוֹלֶה, אֲנִי תוֹלֶה וְלֹא נִרְגָּע. אֲנִי תוֹלֶה
כְּדֵי לִזְכֹּר, אֶת הַחֻרְבָּן שֶׁלִּי, לִזְכֹּר
אֶת הָאָסוֹן.

כְּדֵי לִזְכֹּר יָפֶה אֶת
הָעַצְבוּת שֶׁלִּי, וְגַם, בִּכְלָל,
אוּלַי מֻתָּר עַכְשָׁו לוֹמַר:

לִזְכֹּר מַה שֶׁנִּתַּן לִזְכֹּר,
עָטוּף בִּדְאָגָה.

הִנֵּה, הִנֵּה, הַיּוֹם, בְּיוֹם הַזִּכָּרוֹן
שֶׁלִּי, עִם כָּל הַחֲבֵרִים הַבֻּרְגָּנִים
שֶׁלִּי, לִזְכֹּר יָפֶה אֶת
יוֹם הַזִּכָּרוֹן שֶׁלִּי, לִזְכֹּר
אֶת הַתּוּגָה.

הִנֵּה, אַתָּה,
אַתָּה תַּבִּיט, בְּעַצְמְךָ,
הַיּוֹם, הַיּוֹם הַזֶּה מַמָּשׁ,

אָסַפְתִּי מִלְמַטָּה,
חֶרֶב מְחֻרֶרֶת.
חֶרֶב נְקוּבָה.

THE STUFF THE BOURGEOISIE THROWS
OUT OF ITS WINDOWS ONTO THE STREET

The stuff the bourgeoisie throws out of its windows onto the street
I take for myself. I think I've gone
crazy, here, in this country. Look

I hang everything up
on my living room wall,
like animal skins, crooked, at my place.

I hang and hang and never rest,
to remember my own personal destruction, to recall
the disaster.

To have a strong memory
of my sadness and in general,
perhaps it may now be said:

remember what may be remembered,
encased in worry.

Here today on my Memorial Day,
with all my bourgeois friends,
remembering well
my Memorial Day, remembering
the sorrow.

Look here, you,
look for yourself,
today, on this precise day,

I collected a sword downstairs
with holes in it.
A perforated sword.

וְתַחְתּוֹנִית נָשִׁית, גַּלִּית,
כֹּה רַכְרוּכִית. סְפוֹגִית,
סְפוֹגִית וּרְטֻבָּה. מַמָּשׁ
כְּמוֹ מַטְלִית. מַטְלִית
כְּאֵב סְפוּגָה.

מַטְלִית כְּאֵב סְפוּגָה,
בְּיוֹם אָ"ם. וְאַחֲרֶיהָ
בָּאָה קַעֲרַת סָלָט.
סָלָט רָקוּב שֶׁל זִכָּרוֹן.
סָלָט שֶׁל אַכְזָבָה.

סָלָט שֶׁל אַכְזָבָה.
שֶׁל אַכְזָבָה הַמִּתְלַוָּה
אֵלַי, שָׁנִים, לְכָל
אוֹתוֹ הַבִּזָּיוֹן.

כְּשֶׁלְּצִדָּם הִצְבַּתִּי
זֵר קוֹצִים נוּגֶה וְכַמָּה
סִימָנֵי עֶרְגָּה.

אוֹתָם תָּקַעְתִּי כְּמוֹ פְּרָחִים
מְכֻוָּצִים, אֶצְלָהּ,
בְּכַף הַיָּד הָעֲנֻגָּה.

וְגַם צַלַּחַת פְּלַסְטִיק.
כֵּן, צַלַּחַת פְּלַסְטִיק,
לֹא לִשְׁכֹּחַ.
מִשְׁיָרִים זְרוּקִים
שֶׁל אַחֲרֵי הַחֲגִיגָה.

וְעוֹד אֶזְכֹּר
כָּעֵת בְּגַעֲגוּעִים,
אֶזְכֹּר קְלִפַּת בֵּיצִים,

And billowy women's underpants,
so soft. Absorbent,
absorbent and damp. Truly
like a rag. A rag
soaked in pain.

A rag saturated with pain
on an awful day. And then came
a salad bowl.
A rotten salad of remembrance.
A salad of disappointment.

A salad of disappointment.
Of the disappointment that has accompanied
me, for years, for
this fiasco.

Next to them I placed
a doleful wreathe of thorns and a few
signs of longing.

I stuck them there like a bunch
of flowers
in the palm of a delicate hand.

And a paper plate too.
Yes a paper plate,
don't forget.
Discarded leftovers
from the celebration.

And I'll also remember,
when I feel nostalgic,
the egg shells

הַמְסַמֶּלֶת בִּשְׁבִילִי אֶת קוֹ
הַשֶּׁבֶר בַּמִּשְׁלוֹחַ,
שֶׁסִּמַּנְתִּי בַּתְּצוּגָה.

תִּרְאֶה, תִּרְאֶה,
קְלִפַּת בֵּיצִים,

אֲנִי תוֹלֶה,
כְּמוֹ פֶּחָלָצִים.
אֲנִי חוֹשֵׁב שֶׁנִּהְיֵיתִי,
כָּאן, בָּאָרֶץ, מְשֻׁגָּע.

כִּי עוֹד הָיוּ עָלֶיהָ חֲרִיצִים.
וּלְשׁוֹנוֹת הָיוּ מְלַקְּקִים
בִּשְׁאֵרִית אוֹתָהּ עוּגָה.

that for me symbolize the fault line
in the castoffs
I note in my display.

Look, look,
egg shells,

I hang them up
like animal skins.
I think I've become
crazy, here, in this country.

Because it was still cracked
and tongues were licking
the remains of the cake.

עֲשֵׂה אוֹתִי מוּכָן

עֲשֵׂה אוֹתִי מוּכָן כָּעֵת לְכָל עוֹנוֹת הַמַּעֲבָר,
וּסְלַל בִּי עוֹד דְּרָכִים רַבּוֹת לָשׁוּחַ.
עֲשֵׂה אוֹתִי גָּמָל, עוֹבֵר מִדְבָּר, נוֹשֵׂא
עִמִּי הַכֹּל בְּאֹרֶךְ רוּחַ.

בְּלֹל בִּי. בְּלֹל בִּי קֹר. וּבְלֹל בִּי חֹם.
הַתֵּר אוֹתִי, עַתָּה, לַכֹּל. כְּשֶׁצַּוָּארִי שָׁלוּחַ.

וְכָךְ, בְּעֶצֶם הַתְּנוּעָה הָעֲדִינָה שֶׁלְּךָ
יִהְיֶה שִׁירִי יָצוּק. הוֹ
אֱלֹהִים, עֲשֵׂה אוֹתִי בְּבַקָּשָׁה זָרִיז,
בְּדִלּוּגִי עַל הַסְּלָעִים, כְּמוֹ יַעֲלֵי הַצוּק.

הַצֵּג אוֹתִי. הַצֵּג אוֹתִי עַתָּה. מוּלָם. יַצִּיב.
אֵיתָן. עֲטֹף אוֹתִי בְּחֹמֶר סַבְלָנוּת דַּקָּה.

פַּזֵּר אוֹתִי. פַּזֵּר
אוֹתִי, אֵלִי, דַּקִּיק.
דַּקִּיק כְּמוֹתְךָ.

פַּזֵּר אוֹתִי, אֵלִי, אִתְּךָ,
עַל דִּיּוּנוֹת הַשְּׁתִיקָה.

חֲצֹב. חֲצֹב אוֹתִי.
חֲצֹב אוֹתִי, אִתְּךָ.

חֲצֹב אוֹתִי אִתְּךָ
מֵשִׁישׁ קַר.
מֵאֶבֶן מוּצֶקָה.

וּטְמֹן. וּטְמֹן אוֹתִי.
וּטְמֹן אוֹתִי אִתְּךָ בַּחוֹל.
בַּדִּיּוּנָה הָרַכָּה.

READY ME

Ready me for spring and fall,
and pave more inner roads to roam.
Make me a camel, to pass through the desert,
I'll bear it all so patiently.

Confound me with cold. And heat.
Expose me, now, to everything.
While my neck is stretched.

And thus, your very subtlest motion
will be my solid song. Oh
Lord, please make me agile,
skipping over rocks like a gazelle.

Display me. Display me now. Before them. Stable.
Strong. Wrapped in a thin layer of patience.

Scatter me. Scatter
me, my Lord, ultra-fine,
ultra-fine like you.

Scatter me, my Lord, with you,
over the dunes of stillness.

Quarry. Quarry me,
Quarry me, with you.

Quarry me with you
out of cold marble.
Out of solid stone.

And conceal. Conceal me.
Conceal me with you in the sand.
Deep in the soft dune.

קְצִינֵי הַבּוֹר יוֹצְאִים לָאוֹר

הַרְבֵּה מֵהֶם כְּבָר מְדַבְּרִים אִתִּי בַּחוּץ
מִלִּים מִן הַשָּׂפָה שֶׁל הֶעָבָר,
שֶׁלֹּא אָבִין בָּהּ שׁוּם דָּבָר.

כִּי כָּל קְצִינֵי הַבּוֹר
יוֹצְאִים עַכְשָׁו סְבִיבִי
בְּמַדֵּיהֶם הַמְּפֹאָרִים,
קוֹפְצִים מוּלִי, יָשָׁר לָאוֹר.

אֲנִי רוֹאֶה עַכְשָׁו הַרְבֵּה זָהָב וָכֶסֶף.
תְּשׁוּרוֹת שֶׁל מְלָכִים מְיֻחָסִים
מֵאַפְרִיקָה וְסִין. כְּתָרִים, אֲנִי רוֹאֶה,
וְשַׁרְבִיטִים לָרֹב.

רָאשֵׁי הַמֶּמְשָׁלָה, מַזְכִּירֵיהֶם
וְכָל רָאשֵׁי הַיְחִידוֹת הַמּוּצָאוֹת
סְבִיבִי עַכְשָׁו הַכֹּל בִּמְהִירוּת לַפֹּעַל.

הַרְבֵּה מֵהֶם כְּבָר מְדַבְּרִים אִתִּי, לְצַעֲרִי,
בְּשֶׁטֶף מִשְׁפָּטִים סוֹחֵף — מִלִּים מִן הַשָּׂפָה
שֶׁל הֶעָבָר — שֶׁלֹּא אָבִין בָּהּ שׁוּם דָּבָר.

שָׂפָה יָפָה מְאֹד, אֲנִי קוֹרֵא: הוֹשֵׁעַ!
יִרְמְיָהוּ! יְחֶזְקֵאל! הַאִם תָּבִינוּ
מָה הַהִיא הַמִּתְלַתְלֶלֶת
שָׁם בַּחוּץ עַכְשָׁו אוֹמֶרֶת?

שָׂפָה כְּחוּשָׁה, דַּקַּת גִּזְרָה, נָאָה
מְאֹד אוּלַי, לְמַעֲשֶׂה, אַךְ מְסֻלְסֶלֶת
בְּמַחֲשָׁב, וּמְעַט מְאֹד אֲנִי מֵבִין
אוֹתָהּ עִבְרִית עַכְשָׁו.

ARMY OFFICERS CLIMB OUT OF THE PIT

Many of them are already talking to me outside
in words from the Hebrew of the past,
so that I won't understand anything.

All the officers are leaving the pit
and in their fancy uniforms
they jump straight into the light
in front of me.

I see a lot of gold and silver now,
gifts from the highborn kings
of Africa and China, crowns I see
and many scepters.

Prime ministers and their secretaries
and all the unit chiefs are executing
orders very quickly around me now.

A lot of them are talking to me, unfortunately,
a mile a minute, in words from the Hebrew of the past,
so that I won't understand anything.

A truly lovely language. And I call out: "Hosea!!
Jeremiah! Ezekiel! Do you know
what the curly-headed one
outside is saying?"

A slim language, gaunt, handsome
perhaps, but convoluted
during calculations, and there's very little
of today's Hebrew that I understand.

אֲנִי אוֹמֵר לָהֶם, לַנְּבִיאִים שֶׁלִּי, שֶׁנֶּעֶמְדוּ
עַכְשָׁו מֵאֲחוֹרַי, תַּחֲזִיקוּ מַעֲמָד, אַתֶּם דּוֹבְרִים
אִתִּי אוּלַי שָׂפָה גְּמוּרָה וּמְחֻסֶּלֶת, אֲבָל תִּחְיוּ
עִם זֶה. קַבְּלוּ אֶת זֶה בְּאֹמֶץ, וְכָךְ,

בְּלֵית בְּרֵרָה, פָּשׁוּט תֵּדְעוּ:
עִבְרִית שָׂפָה אַחֶרֶת.

וְכָל רָאשֵׁי הַמֶּמְשָׁלוֹת, מַזְכִּירֵיהֶם,
הַפַּמַלְיָה כֻּלָּהּ, וְכָל רָאשֵׁי הַיְחִידוֹת
הַמְיֻחָדוֹת, עוֹבְרִים מוּלִי עַכְשָׁו בַּסָּךְ,

וְלֹא שׁוֹמְעִים אוֹתִי אוֹמֵר אֶת זֶה,
בַּחוּץ, לַנְּבִיאִים שֶׁלִּי, בִּגְלַל אוֹתוֹ מַטָּח
סְבִיבִי — שֶׁל אֶלֶף יְרִיּוֹת.

לִכְבוֹד הַנְּשִׂיאִים
הַחֲדָשִׁים הַצּוֹעֲדִים
עַכְשָׁו בַּחוּץ.

רָאשֵׁי הַמֶּמְשָׁלוֹת,
הַמַּזְכִּירִים, רָאשֵׁי הַיְחִידוֹת
הַמְיֻחָדוֹת, שֶׁהִלּוּכָם הַמְפֹאָר
עַכְשָׁו, בַּחוּץ, עִבְרִי כָּזֶה,
גֵּאֶה וָרָם, עָשׂוּי לְתַלְפִּיּוֹת.

וְכָל קְצִינֵי הָאוֹר, אוֹתָן דְּמֻיּוֹת
קַדְמוֹנִיּוֹת, שֶׁנִּבְחֲרוּ אַחֲרֵי
אוֹתוֹ הֲלִיךְ שִׁבּוּץ

שֶׁל הַדְּמֻיּוֹת, מִתּוֹךְ
תַּחְתִּית הַבּוֹר,
מִתּוֹךְ אוֹתוֹ אֵפֶר

הַחֲסֻיּוֹת, אֶל כָּל
אוֹתוֹ נִצָּנוּץ,
אוֹתוֹ סִנְווּר שַׁגְרִירִיּוֹת.

I tell my prophets, who stand behind me now,
be strong. You speak to me in a language
that's practically toast, but learn
to live with it. Be courageous. There's

no alternative, know this:
Hebrew is a different language.

And all the prime ministers, their secretaries,
the whole entourage, and the chiefs of all the special units,
pass by me, marching all together,

and they don't hear me saying this,
outside, to my prophets, because of the hail —
around me — of a thousand bullets

in honor of the new
presidents marching
now outside.

Prime ministers,
their secretaries, chiefs of special
units, whose grand march
now, such Hebrew-ness,
proud and tall, is really gorgeous.

And all the officers of light, primeval
characters, elected according to
the process

for such figures, head out now
from the bottom of the pit,
from that gray

patronage, toward
all the sparkle,
the dazzle of embassies.

תכתיבי לי, דליה

תַּכְתִּיבִי לִי, דַּלְיָה,
תַּכְתִּיבִי לִי מִלִּים, בְּעוֹד
כָּל הַבְּגָדִים הַיְשָׁנִים שֶׁלָּךְ
עוֹלִים מוּלִי בָּאֵשׁ.

וְכָל מַה שֶּׁהוֹרַשְׁתְּ לִי — לֹא עָבַר,
לְצַעֲרִי. אָכֵן, אֲנִי מוֹדֶה, הַכַּרְתִּי
כִּמְשׁוֹרֵר, כַּדּוּר נוֹרָה, וּמְכֻסֶּה
כֻּלִּי בְּדָם,

וּכְשׁוֹתֵת, פּוֹשֵׁט יָדַיִם. דַּל. עָנִי.
מָרוּד — עַל פִּי הַהַגְדָּרָה. אֻמְלָל
מִכָּל אָדָם.

אַךְ לְבַסּוֹף, דַּלְיָה,
כְּשֶׁאַתְּ עוֹלָה, מוּלִי,
עַכְשָׁו, כֻּלָּךְ, בָּאֵשׁ,

הִכְרַזְתִּי, זֶה עַתָּה,
בַּת קוֹל מוּלִי עָנְתָה.
הִכְרַזְתִּי: לֹא-יוֹרֵשׁ.

שׁוֹתֵת, אֶצְלִי, דַּלְיָה, שׁוֹתֵת, וּמַצָּבִי
נוֹרָא. מְכֻתָּם בְּדָם, מֵתָז, מִזֶּה
עַל הַמִּלִּים שֶׁלָּךְ —
וּמְרֻסָּק עַל הַמּוֹקֵשׁ,

וְלֹא נוֹתְרָה, בַּלֵּב
שֶׁלִּי, כִּי אִם קִנְאָה עַזָּה,
עַל כָּךְ, שֶׁלְּפָחוֹת

DICTATE TO ME, DAHLIA

For Dahlia Ravikovitch (1936–2005) and "The Dress"

Dictate to me, Dahlia,
Give me the words, while
your old garments
go up in flames before me.

Everything you willed me — hasn't worked,
sorry. Indeed, I admit, I was known
as a poet, then a shot was fired, and I was
completely covered in blood,

hemorrhaging, begging for alms. Inadequate. Poor.
Wretched — by definition. The most
miserable of all.

Yet in the end, Dahlia,
when you rise before me
now, entirely on fire,

I have been declared at this very moment,
a divine voice has answered,
I have been declared: not an inheritor.

I'm bleeding, Dahlia, bleeding, and my situation
is grave. Spotted with blood, splashed and sprayed with it
above your words —
broken in pieces over the land mine,

nothing is left in my heart
but a great envy,
yet at least

אוֹתָהּ הַמֶּרְכָּבָה,
כְּשֶׁאַתְּ, דַּלְיָה,

עַל אַדַּרְתֵּךְ, בְּמֶרְכָּזָהּ,
עוֹלָה עַתָּה בָּאֵשׁ.

it's the same chariot,
when you, Dahlia

in your mantle, at the center,
rise up in flames.

אחר כך

אַחַר כָּךְ, כִּזְכִיָּה מִן הַהֶפְקֵר אַתָּה מוֹפִיעַ,
שִׁיר. אַתָּה לוֹבֵשׁ חֲגִיגִיּוּת, טוּב לֵב, וְדַעְתְּךָ
צְזוּחַ, אַתָּה מֵאִיר פָּנִים.

כֵּן אֲנִי רוֹאֶה, אֲנִי אֵינִי חָפֵץ בְּשִׁכְנוּעִים.
אֲנִי בָּטוּחַ. הֲלֹא גַּם כָּךְ, בְּחֹסֶר הַיְכֹלֶת
לְהַגִּיעַ לְאִזּוּן רִגְשִׁי, אַתָּה נוֹתַרְתָּ
מִבֵּין שְׁנֵינוּ זֶה הַמְרֻחָק.

אֲנִי שׁוֹלֵט
בִּמְשִׁיכוּת הַחוּט וְהַמִּשְׁקֹלֶת
כְּשֶׁאַתָּה יוֹצֵא. לְאַט לְאַט.
מָדוּד, שָׁקוּל וּמְדֻקְדָּק.

AFTERWARDS

Afterwards, like a winner out of no man's land you appear,
a poem. Looking festive, good-hearted, your mind
sets things going, you shine.

Yes, I see, I don't need to be convinced,
I'm sure. And isn't it so, unable to reach
emotional balance, you, of the two of us,
remain remote.

I'm in control
pulling strings and weights.
When you appear. Slowly.
Measured, metered and precise.

NOTES

p. 5 "A Soldier": There is no sea in Kfar Saba, a city northeast of Tel Aviv. Goshen is the biblical name of the area in Egypt where the Israelites are said to have lived from the time of Joseph until Moses led them out.

p. 13 "Pianist": *Day unto day uttereth* is from Psalm 19:3 (King James Version).

p. 51 "Three New Sections for the Shulkhan Arukh": The Shulkhan Arukh is the standard code of Jewish law, originally composed in the 16th century.

p. 61 "I Will Be a Polynesian": *I am that I am* is from Exodus 3:14 (King James Version).

p. 75 "We Dream That We're Asleep": The Sabbath ends when three stars can be seen in the sky on Saturday night.

p. 107 "Dictate to me, Dahlia": The "chariot" and "mantle" refer to the biblical story of the prophet Elijah (here Dahlia Ravikovitch, the poem's addressee) and the inheritor Elisha (here Kosman, the speaker of the poem). Elijah ascends to heaven after the appearance of a "chariot of fire": "And he [Elisha] took the mantle of Elijah that fell from him." is from 2 Kings 2 (King James Version).

BIOGRAPHIES

Poet and scholar **Admiel Kosman** was born in Haifa, Israel, and has lived in Berlin since 2003. He is Professor of Jewish Studies at Potsdam University, and academic director of the Abraham Geiger College, a reform rabbinical seminary, the first such institution to open in Germany since the Holocaust. He is the author of nine books of Hebrew poetry and the bilingual Hebrew-English collections, *So Many Things Are Yours* (Zephyr Press, 2023) and *Approaching You in English* (Zephyr, 2011), both translated by Lisa Katz; a bilingual Hebrew-German selected poems, *Aus dem Zwischen des Hohelieds*, translated by Edith Lutz (Pop, 2019); six academic books on Talmud and Midrash, two of which have appeared in English: *Men's World* (Ergon, 2009) and *Gender and Dialogue in the Rabbinic Prism* (De Gruyter, 2012).

Translator and poet **Lisa Katz** earned her PhD in English from Hebrew University of Jerusalem. She has translated selections of poems by Miri Ben Simhon (*The Absolute Reader*, Toad Press 2020); by Tuvia Ruebner (*Late Beauty*, with Shahar Bram, Zephyr Press, 2017, a finalist for the National Jewish Book Award in Poetry); by Admiel Kosman (*Approaching You in English*, with Shlomit Naim-Naor, Zephyr, 2011); and by Agi Mishol (*Look There*, Graywolf, 2006), and is the author of two collections of her own poetry. From 2003-2020, she edited the Israeli domain of Poetry International Archives, and from 2017-2020, was the Central English Editor for the Rotterdam site. She served as translator in residence at the University of Iowa's MFA program in literary translation in 2017.